Gustav Ferdinand Krause

Kant's Erkenntnislehre als Grundlage unserer Erkenntnis

Ostern 1881

Gustav Ferdinand Krause

Kant's Erkenntnislehre als Grundlage unserer Erkenntnis
Ostern 1881

ISBN/EAN: 9783337321239

Hergestellt in Europa, USA, Kanada, Australien, Japan

Cover: Foto ©Thomas Meinert / pixelio.de

Weitere Bücher finden Sie auf **www.hansebooks.com**

Kant's Erkenntnislehre

als Grundlage unserer Erkenntnis.

Wissenschaftliche Beilage

des

Programmes des Königlichen Gymnasiums zu Marienwerder.

Ostern 1881.

Marienwerder 1881.

Gedruckt in der Hofbuchdruckerei von R. Kanter.

1881. Progr. No. 26.

Erster Teil.

Wenn wir die Frage beantworten wollen: wie wir erkennen? müssen wir sowohl die Gegenstände betrachten, welche wir erkennen, als auch die gleichzeitigen Vorgänge in uns, welche auf jene gerichtet sind. Welcher Art ist nun die Einwirkung jener Gegenstände auf die Vorgänge in uns? Oder üben letztere einen Einfluss auf jene aus? Ferner unter welcher höheren Einheit werden diese, wie jene begriffen? und unter welcher werden beide zusammengefasst? Endlich, welches sind die letzten Ursachen unserer Erkenntnis? Es ist klar, dass diese Fragen nur nach einer Beobachtung der Vorgänge in uns beantwortet werden können, aber auch, dass die Gegenstände, welche eine Einwirkung auf diese Vorgänge haben, unter einem einheitlichen Gesichtspuncte und in ihren Beziehungen auf letztere betrachtet werden müssen. Je weniger Gegenstände wir übersehen, in desto geringerem Grade ist dieses möglich, je mehr, in desto höherem. So wird also der Umfang und der Grad unserer Erkenntnis durch die Erfahrung bedingt, welche wir uns erwerben können, und sie müssen in verschiedenen Zeiten verschieden sein. Aber es wird doch immer zu beachten sein, dass durch die Untersuchungen früherer Forscher, welchen nicht so viele Hülfsmittel zu gebote standen und deren Gesichtskreis wegen der geringeren Zahl der Anschauungen enger begrenzt war, allgemein Gültiges festgestellt sein kann, welches einen Ausgangspunct für unsere Untersuchungen bietet. Die bedeutendste Theorie von der menschlichen Erkenntnis ist diejenige, welche Kant in seiner Kritik der reinen Vernunft vor hundert Jahren, 1781, veröffentlicht hat.*) Seitdem hat sich unser Gesichtskreis bedeutend erweitert, andere Anschauungen, als zu jener Zeit, haben sich geltend gemacht. Wir werden daher zu prüfen haben, ob die von Kant entwickelten Ansichten von uns noch heute angenommen werden können oder umgeändert und erweitert werden müssen.

Kant erklärt gleich am Anfange seiner Untersuchung, „dass alle unsere Erkenntnis mit der Erfahrung beginnt", dass „Gegenstände, welche unsere Sinne rühren, theils von selbst Vorstellungen bewirken, theils unsere Verstandesfähigkeit in Bewegung bringen, diese zu vergleichen, sie zu verknüpfen oder zu trennen und so den rohen Stoff sinnlicher Eindrücke zu einer Erkenntnis der Gegenstände zu verarbeiten, welche Erfahrung heisst. Der Zeit nach geht also keine Erkenntnis in uns vor der Erfahrung vorher, und mit dieser fängt alle an". Aber wenn sie auch mit der Erfahrung beginnt, so entspringt sie doch nicht ganz aus derselben. Denn wir müssen von dem,

*) Es ist hier die zweite Auflage vom Jahre 1787 in der Ausgabe von Hartenstein benutzt, in welcher die abweichenden Stellen der ersten unter dem Texte angeführt sind

1*

was wir durch Eindrücke erhalten, das sondern, „was unser eigenes Erkenntnisvermögen (durch sinnliche Eindrücke bloss veranlasst) aus sich selbst hergiebt.“

Kant will also untersuchen, „ob es eine dergleichen von der Erfahrung und selbst von allen Eindrücken der Sinne unabhängige Erkenntnis gebe“. Solche Erkenntnisse nennt er a priori und unterscheidet sie von den empirischen, welche ihre Quellen a posteriori, nämlich in der Erfahrung haben. Doch unterscheidet er von ersteren noch reine Erkenntnisse a priori, welchen gar nichts Empirisches beigemischt ist. So bezeichnet er den Satz: Eine jede Veränderung hat ihre Ursache, als „einen Satz a priori, aber nicht rein, weil Veränderung ein Begriff ist, der nur aus der Erfahrung gezogen werden kann.“ Denn Erfahrung giebt den Urteilen keine strenge, sondern nur eine comparative oder angenommene Allgemeinheit, d. h. „so viel wir bisher wahrgenommen haben, findet sich von dieser oder jener Regel keine Ausnahme“. Wird aber ein Urteil in strenger Allgemeinheit gedacht, d. h. „so, dass gar keine Ausnahme als möglich verstattet wird, so ist es nicht von der Erfahrung abgeleitet, sondern schlechterdings a priori gültig“. Trotzdem führt er kurz darauf jenen Satz: jede Veränderung muss eine Ursache haben, wieder als Beispiel eines streng allgemeinen und notwendigen Urteils an. Denn der Begriff einer Ursache enthält „den Begriff einer Notwendigkeit der Verknüpfung mit einer Wirkung und einer strengen Allgemeinheit der Regel“. Also je nachdem der Begriff der Veränderung oder der der Ursache hervorgehoben wird, enthält das Urteil etwas, was aus der Erfahrung gewonnen ist, oder nicht. Und doch ist es immer ein Urteil a priori.

Wenn Kant also Urteile a priori solchen a posteriori gegenüberstellt, so versteht er unter Erfahrung wohl nur die mannigfaltigen Eindrücke auf unsere Sinne, wie sie das tägliche Leben bietet, Eindrücke, welche scheinbar unter bestimmte, allgemein gültige Regeln nicht gebracht werden können. Urteile a priori sind dann jene einfachen Sätze, auf welche alle anderen zurückgeführt werden können, und welche selbst nicht weiter bewiesen werden können, mögen die Begriffe auch aus der Erfahrung gewonnen sein.

Solche Sätze findet Kant in den Fundamentalsätzen der Geometrie, desgleichen in denen der Naturwissenschaft. d. h. bei ihm in der Physik, z. B. in aller Mitteilung der Bewegung müssen Wirkung und Gegenwirkung gleich sein. Dass wir diesen Satz aber nicht aus unserem eigenen Erkenntnisvermögen gewonnen haben, sondern von der Erfahrung abhängig gewesen sind, lehrt die Geschichte der Physik. Er ist das Resultat fortlaufender, wissenschaftlicher Erfahrung. Aber er kann auf keinen einfacheren Satz weiter zurückgeführt werden, und wie die Erfahrung lehrt, hat er eine allgemeine Gültigkeit. Kant versteht also unter Erfahrung, wie sie oben bezeichnet ist, nicht auch die wissenschaftliche, welche einfache Sätze von allgemeiner Gültigkeit ergiebt.

In der Geometrie werden aus einfachen Sätzen andere abgeleitet, ebenso in der Naturwissenschaft (Physik) aus einfachen Gesetzen zusammengesetzte Erscheinungen erklärt und durch das Experiment bewiesen. Kant nimmt Galilei als Vorbild, welcher seine Kugeln die schiefe Fläche mit einer von ihm selbst gewählten Schwere hinabrollen liess, um das Gesetz des freien Falles zu beweisen, ferner Torricelli, welcher, um den Druck der Luft zu zeigen, die Luft ein Gewicht tragen liess, welches er sich vorher dem einer ihm bekannten Wassersäule gleich gedacht hatte. Diese Forscher sind aber zur Erkenntnis dieser Gesetze nicht dadurch gelangt, dass sie sich von allen Eindrücken auf die Sinne und von aller Erfahrung frei machten, sondern dadurch, dass sie die einzelnen Tatsachen genau beobachteten, das Beständige in ihnen von dem Zufälligen sonderten, und so zuletzt das allgemeine Gültige erkannten. Von diesem Gesetze, welches Kant unter seinem Satze a priori versteht, weil es nicht weiter auf ein einfacheres zurückgeführt werden kann, konnten jene dann wieder die verschiedenen Erscheinungen ableiten.

Aehnliches also will Kant auch in der Metaphysik, d. h. in der Wissenschaft von den Principien aller Erkenntnis a priori unternehmen: nach Beobachtung der einzelnen Tatsachen zur Erkenntnis der Gesetze gelangen, nach denen sich jene, welche die Erfahrung ausmachen, wieder richten. Er bezeichnet dieses Verfahren als eine Kritik der reinen Vernunft, d. h. des Vermögens, welches jene Gesetze angiebt.

Zu einer solchen Prüfung dieses Vermögens sah er sich um so mehr veranlasst, als er zwei Richtungen in der Metaphysik zu bekämpfen hatte, den Dogmatismus und den Skepticismus, welche diese Prüfung unterliessen. Die Vertreter der ersten Richtung massten sich an, „mit einer reinen Erkenntnis aus Begriffen, nach Principien, so wie sie die Vernunft längst im Gebrauche hat, ohne Erkundigung der Art und des Rechts, wodurch sie dazu gelangt ist, allein fortzukommen", also ohne vorangegangene Prüfung dessen, was unmittelbar aus der Erfahrung stammt, und desjenigen, von welchem jenes abgeleitet wird. Die Vertreter der letzteren, besonders Hume, hegten, ebenfalls ohne vorher eine Prüfung veranstaltet zu haben, ein Mistrauen gegen die reine Vernunft, „bloss um des Misslingens ihrer Behauptungen willen".

Diesen Richtungen gegenüber suchte Kant durch strenge Sonderung der empirischen Erkenntnis von der allein aus der Vernunft entspringenden eine Wissenschaft der Metaphysik zu begründen und so die Principien für unsere Erkenntnis überhaupt festzustellen. Weil nun in der Mathematik und in der Physik von den einfachsten, allgemein gültigen Sätzen alle übrigen abgeleitet werden, so stellt auch Kant die Frage: Wie sind synthetische Urteile a priori möglich?

Er unterscheidet nämlich zwischen analytischen und synthetischen Urteilen. Bei ersteren, den Erläuterungsurteilen, gehört das Prädicat zum Subjecte als etwas, was in diesem Begriffe enthalten ist. Durch das Prädicat wird also nichts zu dem Begriffe hinzugefügt, sondern dieser nur durch Zergliederung in seine Teilbegriffe zerfällt, welche in demselben schon gedacht sind. Dei letzteren, den Erweiterungsurteilen, liegt das Prädicat ganz ausser dem Subjecte und kann durch keine Zergliederung aus diesem herausgezogen werden, obgleich es mit demselben verbunden wird. Als Beispiel eines analytischen Urteils stellt Kant den Satz auf: Alle Körper sind ausgedehnt. Denn in dem Begriffe Körper ist der der Ausdehnung schon enthalten und wird dadurch gefunden, dass man extra zergliedert und sich des Mannigfaltigen, welches wir uns in ihm denken, bewusst wird. Ein analytisches Urteil kann nicht auf Erfahrung gegründet werden. „Dass ein Körper ausgedehnt sei, ist ein Satz, der a priori feststeht, und kein Erfahrungsurteil." Dagegen erklärt er Erfahrungsurteile sämmtlich für synthetische. Denn auf Erfahrung beruht die Möglichkeit der Synthesis eines Prädicates mit einem Subjecte, weil Erfahrung eine synthetische Verbindung der Anschauungen ist. Ein solches Urteil ist ihm der Satz: Alle Körper sind schwer, denn das Prädicat „ist etwas ganz anderes, als das, was ich in dem blossen Begriff eines Körpers überhaupt denke". „Ich kann den Begriff des Körpers vorher analytisch durch die Merkmale der Ausdehnung, der Undurchdringlichkeit, der Gestalt u. s. w., die alle in diesem Begriffe gedacht werden, erkennen. Nun erweitere ich aber meine Erkenntnis, und indem ich auf die Erfahrung zurücksehe, von welcher ich diesen Begriff des Körpers abgezogen hatte, so finde ich mit obigen Merkmalen auch die Schwere jederzeit verknüpft und füge also diese als Prädicat zu jenem Begriffe synthetisch hinzu." Während nun Kant diesen Satz als ein synthetisches Urteil a posteriori aufstellt, bezeichnet er andere als synthetische Urteile a priori, so den Satz: Alles, was geschieht, hat seine Ursache, ferner den Grundsatz der Geometrie: Die gerade Linie zwischen zwei Punkten ist die kürzeste. „Denn mein Begriff vom Geraden enthält nichts von Grösse, sondern nur eine Qualität. Der Begriff des Kürzesten kommt also gänzlich hinzu und kann durch keine Zergliederung aus dem Begriff der geraden Linie gezogen werden." Aus der Physik nimmt er den Satz: In aller Veränderung der körperlichen Welt bleibt die Quantität der Materie unverändert, und den schon angeführten: In aller Mitteilung der Bewegung sind Wirkung und Gegenwirkung einander gleich.

Vergleichen wir diese Sätze mit einander, so vermögen wir von unserem heutigen Standpunkte aus einen wesentlichen Unterschied zwischen den beiden zuerst genannten ebenso wenig, als einen Gegensatz a posteriori und a priori zwischen dem zweiten und den folgenden zu finden. Dass die Körper ausgedehnt, sowie dass sie schwer sind, sind beides Erkenntnisse, welche wir nicht aus uns, sondern aus der Erfahrung durch Anwendung unseres Gesichts- und unseres Gefühlssinnes gewinnen, und beide Sätze haben eine allgemeine Gültigkeit. Wenn nun Kant das Merkmal der Schwere sich nicht als in dem Begriffe des Körpers enthalten denkt, so sind wir heute anderer Ansicht. Einen Körper, welcher nicht schwer ist, können wir uns ebenso wenig denken als einen, welcher nicht ausgedehnt, undurchdringlich u. s. w. ist. Aber freilich im Zeitalter Kants unterschied man noch wägbare und unwägbare Stoffe. Als letzteren betrachtete man mit Newton das Licht, welcher höchst feine und unwägbare Stoff beständig von der Sonne ausströme und so auch zur Erde gelange. Andererseits beruht auf der Schwere als einer allgemeinen Eigenschaft der Körper das Gesetz von der Gravitation der Weltkörper, ein Gesetz, welches allgemeine Gültigkeit besitzt, und aus welchem alle Erscheinungen in der Bewegung jener abgeleitet werden. Ein solches Gesetz musste Kant ebenso als aus der Erkenntnis a priori entsprungen betrachten, wie die folgenden, oben als synthetisch a priori bezeichneten, Urteile, obgleich sie doch alle aus der wissenschaftlichen Erfahrung stammen.

Wenn nun Kant solche Unterschiede zwischen jenen Sätzen macht, wie wir gesehen haben, so ist dieses nur daraus zu erklären, dass er von den Anschauungen seines Zeitalters abhängig ist. Gewisse Begriffe, bestimmte Merkmale enthaltend, standen seit langer Zeit fest, wie der oben erwähnte der Körper. Andere Erscheinungen, wie die der Schwere im freien Falle der Körper auf unserer Erde und in der Bewegung der Weltkörper, waren erst seit dem Anfange des siebzehnten Jahrhunderts, das Licht besonders durch Newton, genauer beobachtet worden. Sätze also, welche sich auf die Schwere bezogen, schienen noch unmittelbar aus der Erfahrung entnommen zu sein. Zudem sah Kant einen Unterschied darin, dass die Schwere eines Körpers nicht durch den Gesichtssinn, sondern durch den des Druckes erkannt wird. Andere Sätze wieder, welche durch wissenschaftliche Beobachtung gewonnen waren, waren von so zwingender Notwendigkeit und so allgemeiner Gültigkeit, dass das Bewusstsein, sie stammten aus der Erfahrung, ganz zurücktrat, und dass sie als von anfang an feststehend aufgefasst wurden. Solche Sätze unterschieden sich allerdings von analytischen Urteilen, wie es das oben angeführte ist, und erweiterten unsere Erkenntnis. Indem nun Kant diesen Unterschied zwischen synthetischen und analytischen Urteilen Leibniz, Wolff, Hume gegenüber hervorhebt, untersucht er, wie synthetische Urteile a priori möglich sind, aber von den Anschauungen seiner Zeit ausgehend und den Hülfsmitteln, welche ihm diese bot.

Dass diese weit geringer waren als diejenigen unserer Zeit, wird jeder zugeben müssen, welcher die bedeutende Entwickelung aller Zweige der Naturwissenschaft während des letzten Jahrhunderts in betracht zieht. In Folge der mannigfachsten wissenschaftlichen Beobachtungen und wichtigen Entdeckungen haben sich unsere Anschauungen von den Erscheinungen in der Natur und im Menschen gegenüber denen im Zeitalter Kant's ganz verändert, und hat sich unser Gesichtskreis so bedeutend erweitert, dass wir eingehendere und umfassendere Untersuchungen über die Art und Weise anzustellen vermögen, wie der Mensch die Dinge und sich selbst erkennt, als es zu jener Zeit möglich war.

Vor allem kennen wir den Menschen selbst besser, seine körperliche Beschaffenheit und die Lebenserscheinungen in ihm, welche die natürlichen Bedingungen für die Aeusserungen der Seelentätigkeit sind. Die anatomischen Verhältnisse sind genau durchforscht. Und wenn unsere Kenntnis des Nervensystems sich auch noch nicht bis auf alle einzelnen und besonderen Verhältnisse im Verlaufe der Nervenfasern, der Fibrillen, aus welchen sie zusammengesetzt sind, ihrer Endigungen in der Peripherie des Körpers und in den inneren Organen erstreckt, besonders wenn sie sich noch nicht auf den Ursprung der Nervenfasern in den elementaren Bestandteilen der Centren des Gehirns und des Rückenmarks ausdehnt, so übersehen wir doch die Zusammensetzung des Nervensystems im ganzen und in den Teilen und seinen Zusammenhang mit den übrigen Systemen im menschlichen Körper, mit dem der Muskeln, der Knochen, Bänder, der Gefässe u. a. viel klarer und deutlicher, als man es zu Kant's Zeit vermochte, und vor allem kennen wir viel genauer die Bestandteile und Beschaffenheit der Gewebe, durch welche jene Systeme gebildet werden. Auf den anatomischen Verhältnissen beruhen die Lebenserscheinungen: die animalischen der Empfindung und Bewegung, der Grundlagen der Seelentätigkeit, die vegetativen der Ernährung u. s. w., durch welche die animalischen bedingt werden. Worin die letzteren bestehen, ist freilich noch wenig bekannt. Wir können nur vermuten, dass die Erregung der Nerven, auf welchen die Empfindung beruht, und welche die Zusammenziehung der Muskelzellen veranlasst, sowie dass diese letztere selbst sich auf solche einfache Vorgänge zurückführen lassen, wie sie auch sonst in der Natur beobachtet werden.

Es sind dieses die Zustand- und Stoffveränderungen, welche wir als physikalische und chemische Erscheinungen wahrnehmen. Dieselben werden heute auf Bewegungen der kleinsten Teilchen zurückgeführt, aus welchen alle Körper bestehen. Sie sind dieselben in den nichtorganisierten Körpern, wie in den Organismen der Pflanzen und Tiere. Letztere beide bestehen aus keinen anderen Stoffen, als denen, welche unter den ersteren gefunden werden, und keiner derselben kommt in den Organismen ausschliesslich vor. Nur sind sie in diesen in einer mannigfaltigeren Weise mit einander verbunden, als in den nichtorganisierten Körpern, und infolge dessen sind auch die physikalischen und chemischen Vorgänge in ihnen mannigfaltiger und mehr zusammengesetzt, als in jenen.

Betrachten wir zunächst die physikalischen Vorgänge in den nichtorganisierten Körpern, welche unserer Sinneswahrnehmung unmittelbar entgegentreten: die Bewegung der Körper, Wärme, Licht, Schall. Hier ist es nun von der grössten Bedeutung für unsere Erkenntnis, dass wir die einzelnen Erscheinungen nicht mehr als besondere, für sich bestehende betrachten, sondern dass wir ihren Zusammenhang unter einander verstehen und eine in die andere verwandeln können.

Durch die mechanische Wärmetheorie wird uns gezeigt, dass Bewegung der Körper und Wärme in einem bestimmten Verhältnis zu einander stehen, und dass die eine in die andere übergeht. Schon 1798 erkannte Rumford, dass die Wärme nicht ein Stoff sei, wie man allgemein annahm, sondern eine Bewegung. Er presste einen stumpfen Stahlmeissel fest auf den Boden eines Kanonenrohres, welches in einem mit Wasser gefüllten Kasten stand, und setzte das Rohr in drehende Bewegung. Das Wasser fing bald an zu kochen und kochte, so lange die Bewegung des Rohres dauerte, obwohl von aussen Wärme nicht zutreten konnte. Man konnte diesen Versuch jahrelang fortsetzen, das verdampfte Wasser allmählich durch neues ersetzen, und erhielt eine unbegrenzte Wärmemenge aus dem begrenzten Meissel und Kanonenrohr. So konnte Wärme nur Bewegung sein, hervorgerufen durch die lebendige Kraft, welche dem Kanonenrohre zugeführt war. Eine solche Bewegung einer Masse nennt man Arbeit. Zuerst berechnete Mayer 1842 das Grössenverhältnis zwischen geleisteter Arbeit und erzeugter Wärme. Dann bestimmten in den folgenden Jahren Joule und Hirn diese Aequivalenz durch Rechnung und Versuche und kamen zu demselben Resultat. Um die Temperatur von einem Kilogramm Wasser um einen Grad zu erhöhen, wird eine Arbeit von 424 Kilogramm-Metern verbraucht, d. h. es müssen 424 Kilogramm einen Meter oder ein Kilogramm 424 Meter gehoben werden. Umgekehrt ergaben Versuche und Berechnung, dass eine Wärmeeinheit oder Calorie, d. h. diejenige Wärmemenge, welche nötig ist, um die Temperatur von einem Kilogramm Wasser um einen Grad zu erhöhen, dem mechanischen Aequivalent von 424 Kilogramm-Metern entspricht. Wenn nun Arbeit eine Bewegung der Massen ist, so muss auch Wärme eine Bewegung sein. Eine Bewegung der Massen ist sie nicht, also muss sie eine solche der kleinsten Teilchen oder Moleküle sein.

Hiemit haben wir einen Ausgangspunct gefunden, von welchem aus wir auch die übrigen physikalischen Vorgänge auf einen einzigen zurückführen können. Wir unterscheiden Körper- und strahlende Wärme. Erstere nehmen wir wahr, wenn wir einen warmen Körper berühren; sie verbreitet sich nur langsam von Körper zu Körper. Letztere dagegen pflanzt sich mit sehr grosser Schnelligkeit durch den Weltraum und durch die Luft fort. Die Wärme nun, welche einem Körper durch Bewegung mitgeteilt wird, erhöht dessen Temperatur, wird aber nach allen Richtungen von demselben ausgestrahlt, und umgekehrt fallen auf einen Körper Wärmestrahlen, so wird durch dieselben seine Temperatur erhöht. Es muss also strahlende Wärme und Körperwärme dasselbe sein.

Aber auch zwischen dem Lichte und der Wärme besteht ein Zusammenhang, und zwar ein noch innigerer, als zwischen der Wärme und der Massenbewegung. Dass strahlende Wärme mit dem Lichte identisch ist, folgerte schon vor Mayer Melloni aus dem gleichen Verhalten desselben und des Lichtes. Denn die Fortpflanzung derselben durch den Weltraum und durch die Luft findet mit derselben Geschwindigkeit statt, wie bei dem Lichte. Wärmestrahlen werden von glatten Flächen nach demselben Gesetze wie das Licht zurückgeworfen und von durchsichtigen nach dem Brechungsgesetze abgelenkt. Strahlen von verschieden hohen Schwingungszahlen werden von verschiedenen Körpern in verschiedener Weise durchgelassen, absorbiert und diffundiert, wie die des Lichtes. Endlich kommen auch bei Wärmestrahlen, wie bei denen des Lichtes, die Erscheinungen der Interferenz und Polarisation vor. Wie Wärme in Licht übergeht, nehmen wir beim Erhitzen gewisser Metalle wahr. Durch Zuführung von Wärme steigert sich zunächst ihre Temperatur, zuletzt fangen sie an zu glühen und verbreiten Licht. So sind Wärme und Licht ihrem Wesen nach ganz gleiche Erscheinungen, Bewegungen der kleinsten Teilchen, und nur durch die Grösse dieser Bewegungen unterscheiden sie sich. Wie gemessen worden ist, entstehen die Wärmestrahlen, wenigstens die der Sonne, durch 60—400 Billionen gleich grosser Schwingungen in einer Sekunde, die Lichtstrahlen durch 400 bis 800 Billionen.

Wird diese Bewegung weit geringer, machen die Moleküle in einer Sekunde 38000 Schwingungen und weniger, so wird diese Bewegung für einen anderen Sinn, den des Gehörs, als Ton wahrnehmbar. Wir unterscheiden eine grosse Zahl derselben nach der Anzahl der Schwingungen: je mehr diese sich vermindert, desto tiefer wird der Ton. Die äusserste Grenze wird durch 8 Schwingungen gebildet. Doch werden musikalische Töne nur durch 40—5000 Schwingungen hervorgebracht. Aber alle diese Schwingungen müssen einander regelmässig folgen; sind sie unregelmässig, so entstehen die Geräusche, andere Erscheinungen des Schalles. So hängen also die Bewegungen der Massen, die Molekularbewegungen des Schalles, der Wärme, des Lichtes unter einander zusammen. Auch andere physikalische Vorgänge, welche unserer Sinneswahrnehmung nicht so unmittelbar wie jene, entgegentreten, die Electricität und der Magnetismus stehen mit jenen und unter einander in Zusammenhang, werden durch jene hervorgerufen und rufen selbst jene hervor. Auf so verschiedenartige Weise wir also die erwähnten Erscheinungen wahrnehmen, in allen erkennen wir Bewegungen der Moleküle neben Bewegung von Massen.

Es ist notwendig, dass wir uns eine Vorstellung von der Art dieser Molekularbewegung machen. Wir werden dadurch zugleich in den Stand gesetzt, auch die Beschaffenheit der unorganischen Körper zu erkennen. Diese bilden die feste und tropfbar-flüssige Erdoberfläche und die Lufthülle, welche unseren Planeten gegen den Weltraum abschliesst. Die festen Körper kommen in den verschiedensten Gestalten und Farben vor und zeigen ein verschiedenes Verhalten gegen Wärme, Electricität, Magnetismus, eine verschiedene Teilbarkeit und Gewicht. Aber alle sind darin einander gleich, dass ihre Teilchen unter gewöhnlichen Verhältnissen in einer bestimmten Lage zu einander verharren. Ziehen wir nun den Umstand in betracht, dass die oben erwähnten Bewegungen in ihnen vorkommen, und dass jeder feste Körper durch Stoss, Druck und andere mechanische Mittel in immer kleinere Teile zerlegt werden kann, dass manche auch von Flüssigkeiten aufgelöst werden, wie Kochsalz von Wasser, welches zwischen die kleinsten Teilchen desselben eindringt, so gelangen wir zu folgender Vorstellung von der inneren Beschaffenheit derselben.

Die festen Körper bestehen aus kleinsten Teilchen, Molekülen, welche, in jedem einzelnen eins wie das andere beschaffen, je nach der Natur des Stoffes neben einander gelagert sind, aber getrennt durch Moleküle des Aethers, des Stoffes von unmessbar geringem Gewichte, welcher den Weltraum erfüllt. Beständen die Körper nicht aus einzelnen Molekülen, so würden sie durch mechanische Einwirkung nicht zerteilt werden können, sondern nur ihre Gestalt verändern, wie etwa Gold in einen langen, sehr dünnen Faden ausgezogen werden kann, ohne dass der Zusammenhang seiner kleinsten Teilchen unterbrochen wird. Andererseits müssen diese Moleküle eine Bewegung gegen einander besitzen, denn sonst würden die Körper keinen Zusammenhang oder Cohäsion haben und nicht feste sein. Während nun die Körpermoleküle sich gegen einander bewegen und sich einander ganz zu nähern streben, werden sie durch die Moleküle des Aethers von einander ferngehalten, deren Adhäsion an die des Körpers grösser ist, als die lebendige Kraft jener, d. h. als die Wirkungsfähigkeit, welche ein sich bewegendes Molekül besitzt. Da nun viele Körpermoleküle zugleich sich gegen einander bewegen, so muss das eine das andere hindern, sie können also nur unter äusserst kleinen Winkeln um eine stabile Gleichgewichtslage hin- und herschwingen. Diese Bewegung ist nun, je nach der verschiedenen Beschaffenheit der Moleküle jedes Stoffes, verschieden: immer aber ist sie so, dass die festen Körper eine bestimmte Gestalt haben und bestimmte Eigenschaften in höherem oder niedrigerem Grade besitzen, wie Dehnbarkeit, Härte, Elasticität.

Wegen der Wechselwirkung zwischen Aether- und Körpermolekülen werden die Bewegungen der ersteren in einem festen Körper mannigfaltig sein müssen. Werden sie aber durch eine äussere Ursache in regelmässige Schwingungen versetzt, wie durch die von der Sonne ausgehenden Lichtstrahlen, so werden sie Ursachen der Farben der Körper. Denn treffen die Sonnenstrahlen diese, so teilen sie den Aethermolekülen ihre eigenen regelmässigen Bewegungen mit; diese werden aber durch die Bewegungen der Körpermoleküle abgeändert, geschwächt oder zum teil unterdrückt, und so verbreiten sich von den Körpern nicht mehr alle ihnen von aussen durch die Lichtstrahlen mitgeteilten Molekularbewegungen, sondern nur ein Teil derselben, und die Einwirkung derselben auf unser Auge ruft die Empfindung der verschiedenen Farben hervor. Fällt kein Lichtstrahl auf den Körper, wie nachts bei stark bewölktem Himmel, so nehmen wir auch keine Farben wahr.

Auf der lebendigen Kraft der Aether- und Körpermoleküle beruht auch die Temperatur eines festen Körpers. Würden die Körpermoleküle keinen Widerstand der ersteren mehr zu überwinden, und diese durch ihre lebendige Kraft nicht mehr die Arbeit zu leisten haben, jene von einander zu trennen, d. h. würden die Körpermoleküle in ruhe sein und sich unmittelbar berühren, so würde ein solcher Körper gar keine Wärme enthalten, er würde absolut kalt sein. Durch Berechnung ist bestimmt, dass dieser Zustand bei einer Temperatur von — 273° C. eintritt. Von diesem Punkte an aufwärts enthält jeder Körper eine gewisse Wärme, seine Moleküle also lebendige Kraft. Wird nun die lebendige Kraft der Aethermoleküle eines festen Körpers durch lebendige Kraft, welche von aussen hinzutritt, erhöht, also seine Temperatur gesteigert, so treiben die Aethermoleküle die gegen sie stossenden Körpermoleküle mit grösserer Gewalt zurück und entfernen sie von einander. Diese geraten in stärkere Schwingungen, beginnen sich also mehr gegen einander zu verschieben; der Körper dehnt sich aus, wird weich, und seine Cohäsion wird gelockert. Bei gewöhnlicher Temperatur machen die Körpermoleküle 100—300 Billionen Schwingungen in 1 Sekunde. Steigert sich die Temperatur, so schwingen sie heftiger; ein Teil erreicht bei 500° C. eine Zahl von 400 Billionen: die

2

Körper fangen dann an zu leuchten, und zwar mit rotem Lichte. Bei 1000—2000° C. werden gewisse Körper weissglühend und strahlen die grösste Zahl verschiedener Farben aus. Steigert sich die lebendige Kraft der Aethermoleküle durch beständigen Zutritt von Wärme noch mehr, so werden die Körpermoleküle noch mehr von einander entfernt, ihre Schwingungen finden unter immer grösseren Winkeln statt, bis sie zuletzt in geschlossenen Bahnen um fortschreitende Mittelpunkte kreisen. Die Folge dieser Bewegungen ist, dass der Aggregatzustand sich ändert und der Körper flüssig wird. Man kann diese Bewegungen auch für das Auge wahrnehmbar machen. Wenn man sehr fein verteilte feste Stoffe, z. B. schwarze Tusche in einer Flüssigkeit suspendiert, so sieht man, wie die Moleküle sich rotierend um fortschreitende Mittelpunkte bewegen. Bei sich steigernder Temperatur wird diese Bewegung heftiger. Da in diesem Zustande die Bewegung der Körpermoleküle gegen einander hin aufgehört hat, so wird das einzelne Molekül, wenn kein Hindernis entgegentritt, durch die Schwerkraft von den übrigen gänzlich getrennt und sinkt zur Erde. Flüssige Körper besitzen also keine bestimmte Gestalt mehr, sind aber noch endlich begrenzt und nehmen einen bestimmten Raum ein.

Die geschlossenen Bahnen, in welchen sich die Moleküle derselben bewegen, werden wir uns zunächst als kreisförmig vorstellen müssen. Nimmt nun die lebendige Kraft der Aethermoleküle wieder zu, so bewirkt sie durch fortgesetzte Tangentialstösse, dass die kreisförmigen Bahnen in elliptische von immer grösserer Streckung übergehen. Zuletzt öffnen sie sich zu Parabeln und Hyperbeln, die Moleküle entfernen sich vollständig von einander: indem sie selbst die Schwerkraft durch ihre lebendige Kraft überwinden, streben sie nach allen Richtungen hin von einander weg, und diese fortschreitende Bewegung würde in's unendliche gehen, wenn nicht Widerstände sie hemmten. Wegen dieser fortschreitenden Bewegung und der grossen Entfernung der Moleküle von einander entstehen keine regelmässigen Schwingungen derselben, also auch keine Lichterscheinungen; diese Körper sind durchsichtig. Dieses ist der gasförmige Zustand, in welchem die Körper weder eine bestimmte Gestalt, noch ein bestimmtes Volumen besitzen.

Wird die lebendige Kraft der Moleküle gasförmiger Körper vermindert und frei, so verdichten sich diese Körper zu flüssigen, diese weiter zu festen.

So sind die Aggregatzustände eine Folge der mehr oder weniger schnellen Bewegung der Moleküle. Bei der Temperatur, welche heute auf unserer Erde herrscht, verharren fast alle Körper in demselben Zustande. Nur das Wasser geht in den festen, wie in den gasförmigen über, wird Eis und Lampf, und zwar bei Temperaturen, welche nur um 100° C. verschieden sind. Die anderen Körper bleiben teils feste, teils luftförmige: die Molekularbewegung muss also in ihnen verschieden gross sein, was nur aus der verschiedenen Beschaffenheit der Körpermoleküle zu erklären ist. Diese Bewegung muss in den luftförmigen Körpern, welche selbst bei der grössten Kälte auf unserer Erde ihren Zustand nicht verändern, bedeutend vermindert werden, damit sie in einen anderen Aggregatzustand übergehen. Und in der Tat hat neuerdings Raoul Pictet in Genf Sauerstoffgas unter einem Drucke von 320 Atmosphären und bei 140° C. unter dem Gefrierpunkte des Wassers flüssig gemacht. Die meisten festen Körper dagegen bedürfen einer weit grösseren Wärmemenge als das Wasser, um flüssig zu werden, einer Temperatur, in welcher kein Organismus bestehen kann. Eine solche muss aber einst geherrscht haben, wie wir aus der Beschaffenheit eines Teils der festen Körper, der Granite, schliessen: und unser Erdball muss sich daher einst in einem flüssigen Zustande, noch viel früher in einem gasförmigen befunden haben.

Diese Ansicht wird durch den Zustand, in welchem wir noch andere Weltkörper finden, unterstützt. So ist die Sonne, wie wir auf grund vieler Tatsachen annehmen müssen, ein ungeheurer Ball, in welchem sich die verschiedensten Stoffe, welche auf unserer Erde im festen Zustande vor-

— II —

kommen, noch im gasförmigen befinden. Auch bei vielen der Weltkörper, welche am Himmel als Fixsterne glänzen, und bei einem Teile der Nebelflecke müssen wir einen ähnlichen annehmen. Von den Gestirnen, welche zu unserem Sonnensysteme gehören, befinden sich die grösseren Planeten, Jupiter und Saturn, in einem Zustande, welcher dem des Wassers nahe kommt, denn ihre Dichte ist viel geringer als die der Erde, bei ersterem $1/4$, also nahe der des Wassers, bei letzterem $1/8$, also viel geringer, als die des Wassers. Andere Planeten, wie Mars und Venus, scheinen eine ähnliche Beschaffenheit zu haben, wie unsere Erde. In ganz erstarrtem Zustande zeigt sich uns die Oberfläche des Mondes: wir können keinen flüssigen Körper auf derselben wahrnehmen, und nur hin und wieder sind Trübungen bemerkt worden, wie von Gasen herrührend, welche aus Spalten emporgestiegen zu sein schienen. So finden wir auch im Weltall auf den Weltkörpern die verschiedenen Aggregatzustände, welche wir auf unserem Planeten wahrnehmen, und müssen dieselben Molekularbewegungen auf jenen voraussetzen.

Wenn die festen Körper, deren Moleküle sich wegen ihrer besonderen Natur gegen einander bewegen, als ganze Massen eine Bewegung gegen den Mittelpunkt der Erde hin zeigen, so wird dieses der Schwere zugeschrieben, der Kraft, mit welcher die Körper einander anziehen. Diese Kraft nähert schon die kleinsten Teilchen der Körper einander und bewirkt, dass sie sich verbinden, und sie ist, wie in den einzelnen Körpern, so auch im ganzen Erdball wirksam. Da die Moleküle sich in unendlich vielen Richtungen anziehen, so können die Körper nicht alle diese Bewegungen zugleich annehmen, sondern nur eine einzige, welche von allen die mittlere und diejenge ist, welche den Schwerpunkt des einzelnen Körpers und den der ganzen Erde einander nähert. Denn in beiden Punkten ist alle Anziehung der Moleküle jedes vereinigt, und es wird nicht nur der einzelne Körper in seinem Schwerpunkte, sondern auch der Erdball in dem seinigen gegen jenen in Bewegung gesetzt. Da aber die Erde eine ungeheuer grosse Masse gegenüber dem einzelnen Körper besitzt und die Bewegung der kleineren Masse nach der grösseren hin bedeutender ist als umgekehrt, so nehmen wir nur die Bewegung des gegen den Mittelpunkt der Erde frei fallenden Körpers wahr. Ebenso nehmen auch die Teilchen einer Flüssigkeit, wenn kein Widerstand sie zurückhält, dieselbe Bewegung an.

Dagegen haben die Moleküle der luftförmigen Körper, wie wir gesehen haben, eine fortschreitende Bewegung nach allen Richtungen hin, auch von dem Mittelpunkte der Erde hinweg: trotzdem entfernen sie sich nicht in den Weltraum hinaus, sondern umhüllen dieselbe als Atmosphäre und üben, wie die übrigen Körper, einen Druck gegen die Oberfläche aus, ein Zeichen, dass sie mit einer gewissen lebendigen Kraft gegen diese stossen; und dieser Druck kann, wie der der übrigen Körper, gemessen werden. Diese Bewegung wird ebenfalls auf die Anziehung, welche der Erdball ausübt, zurückgeführt.

Zur Erklärung dieser Erscheinung ist zunächst folgendes hervorzuheben: Alle festen Körper fallen, mag ihre Masse, d. h. die Anzahl der auf einander einwirkenden Moleküle, noch so gross oder noch so klein sein, im luftleeren Raume in gleicher Zeit durch eine gleiche Höhe zur Erde: schwere und leichte Körper also zeigen im freien Falle dieselbe Geschwindigkeit. Diese Bewegung ist aber, wie gesagt, nur die mittlere aus den unermesslich vielen der Moleküle, muss sich also steigern oder vermindern, je mehr oder je weniger Moleküle auf einander stossen: und dieses wird in der Tat an dem verschiedenen Drucke erkannt, welchen schwere oder leichte Körper auf einen Widerstand ausüben. Und doch ist die Geschwindigkeit im freien Falle immer dieselbe, es muss also stets dieselbe Ursache wirken.

Nun kann man die Bewegung eines frei fallenden Körpers ändern, wenn man ihm eine solche in horizontaler Richtung mitteilt. Dann wird seine Bewegung die mittlere von beiden, und der Körper beschreibt eine Bahn, welche je nach der Stärke der beiden Einwirkungen eine Parabel oder

2*

eine Hyperbel ist, krumme Linien, welche man erhält, wenn man einen Kegel in bestimmten Richtungen durchschneidet. Ja würde die horizontale Bewegung so gesteigert, dass sie die beständig wirkende Anziehung gegen den Erdmittelpunkt hin beständig überwindet, so würde der Körper gar nicht zur Erde fallen, sondern um dieselbe einen einem Kreise ähnlichen Weg, eine Ellipse durchlaufen. Solche Bahnen beschreiben die Himmelskörper um ihre Centralkörper. Nach Kepplers Entdeckung sind die Bahnen der Planeten Ellipsen, in deren einem Brennpunkte die Sonne steht. Diese Weltkörper fallen also beständig gegen die Sonne hin, werden aber fortwährend durch eine senkrecht auf diese Richtung wirkende Kraft in der Tangente fortgetrieben, woraus als mittlere Bewegung ihre elliptische Bahn entsteht. Die erstere Richtung der Schwerpunkte gegen einander wird der gegenseitigen Anziehung der Weltkörper zugeschrieben: welches ist nun die gleichzeitig wirkende tangentiale Kraft?

Wenn wir alle Tatsachen in betracht ziehen, so müssen wir folgende Ursache für die wahrscheinlichste halten. Ebenso wie der lebendigen Kraft der Moleküle in den irdischen Körpern die der adhärierenden Aethermoleküle entgegenwirkt, dass sie sich nicht vollständig nähern können, so wirkt der Aether auch im Weltall durch die lebendige Kraft seiner Moleküle der Annäherung der Weltkörper gegen einander hin entgegen. Er nimmt hier so ungeheure Räume ein, dass selbst ein so grosser Ball, wie der der Sonne, verschwindend klein solchen Ausdehnungen gegenüber ist, und dass die übrigen Gestirne am Himmel, die Fixsterne. in so grossen Entfernungen nur als leuchtende Punkte erscheinen, welche selbst in den stärksten Fernröhren noch keinen Durchmesser zeigen. Trotz der unmessbaren Feinheit des Aethers ist die Zahl seiner Moleküle in so ungeheuren Räumen unermesslich gross und dem entsprechend ihre lebendige Kraft gegenüber der der Moleküle aller Weltkörper. So bewegen sich die Millionen derselben gegen einander, werden aber durch den Aether in ungeheuren Abständen von einander gehalten und müssen bei der gegenseitigen, unermesslich mannigfachen Einwirkung die verschiedensten Bahnen beschreiben. Es ist festgestellt, dass sich sowohl unsere Sonne und mit ihr die Planeten, als auch die Fixsterne bewegen, und bei einer Anzahl derselben ist auch ihre Ortsveränderung gemessen worden. Doch ist dieselbe bei so ungeheuren Entfernungen während eines Jahrhunderts so klein, dass noch Jahrhunderte lange Beobachtungen nötig sind, um die mannigfachen Bahnen der Fixsterne zu erkennen.

Während sich die meisten Weltkörper in sehr grossen, für uns kaum messbaren Entfernungen von einander befinden, ist eine kleinere Anzahl einander verhältnismässig nahe, so dass ihre Bewegungen einander unmittelbar bedingen. Indem nämlich die lebendige Kraft der Aethermoleküle auf die einzelnen Weltkörper gleichmässig auf allen Seiten einzuwirken strebt, geschieht dieses doch auf der Seite in geringerem Grade, auf welcher der andere Körper sich befindet. Nach dieser Seite hin wird das Gleichgewicht gestört, in welchem sonst der Weltkörper durch den von allen Seiten auf ihn stossenden Aether erhalten werden würde, und diese Störung ist um so grösser, je grösser und je näher die Masse des anderen Körpers ist. Es bewegt sich infolge dessen der eine gegen den anderen hin, und zwar um so schneller, je geringer seine Masse als die des anderen ist, der andere wieder um so langsamer, je grösser sie ist: und so steht die beiderseitige Bewegung im umgekehrten Verhältnis zu den Massen, oder wenn man die beiden Weltkörpern zugeschriebene Anziehungskraft hervorhebt: diese steht im geraden Verhältnis zu den Massen.

Je näher aber die Weltkörper einander sind, desto geringer ist die Masse des zwischen ihnen wirkendenden Aethers, und um so mehr muss sich die Bewegung jener gegen einander hin steigern. Dieses geschieht nach einem bekannten Satze von der Grösse der Oberfläche zweier Kugeln mit verschiedenen Radien im umgekehrten Verhältnis zu dem Quadrate der Entfernung. Zugleich wirkt die lebendige Kraft des Aethers nach allen Richtungen im Weltraume und findet Widerstand an den

Weltkörpern, welche sich in grösseren Entfernungen befinden: zwischen den beiden genannten Körpern ist ihre Richtung also die mittlere von allen, und so treibt sie dieselben in der Tangente nach einer bestimmten Seite hin fort. Die resultierende von beiden Bewegungen ist dann die in einer mehr oder minder gestreckten Ellipse um den gemeinschaftlichen Schwerpunkt.

Solche Bahnen zeigen viele Doppel- und mehrfache Sterne, welche sich in den verschiedensten Richtungen gegen die Ebene der Erdbahn bewegen. Ihr Schwerpunkt liegt bei gleichen Massen ausserhalb derselben und zwischen ihnen, bei ungleichen der grösseren näher und selbst in derselben. In unserem Planetensystem bewegen sich eine grosse Zahl von Weltkörpern, die Planeten mit ihren Monden und die Sonne, um den gemeinschaftlichen Schwerpunkt: und da die Masse der letzteren viel grösser ist als die aller übrigen zusammen, etwa 700 mal, so befindet er sich in der Sonne selbst in der Nähe ihres Mittelpunktes.

Die Weltkörper sind im Weltraum ungleich verteilt, in einzelnen Gegenden in grösserer, in anderen in geringerer Zahl, und von verschiedener Helligkeit. Am dichtesten befinden sie sich in einer sich ringförmig hinziehenden Zone, der Milchstrasse, wo sie zum teil so dicht neben und hinter einander stehen, dass sie selbst in den stärksten Fernröhren nicht von einander unterschieden werden können. Neben dieser Zone sind sie in grösseren und kleineren, weniger zahlreichen Gruppen verteilt. Die wenigsten finden sich nach den Schätzungen der beiden Herschel in Gegenden des Weltraums, welche ungefähr um 90° von der Milchstrasse entfernt sind.

Ausserdem nimmt man nebelartige Gebilde von verschiedener Helligkeit und in den verschiedensten Gestalten wahr, welche sich in unermesslichen Entfernungen von uns zu befinden scheinen. Ein Teil derselben wird in starken Fernröhren in mehr oder minder dicht zusammengedrängte Sterne aufgelöst, bei andern werden durch die Spectralanalyse helle Linien erkannt, ein Zeichen, dass sie sich noch im gasförmigen Zustande befinden.

Viel näher sind uns jedenfalls jene Massen von geringer Dichte, welche als Kometen in die Nähe der Sonne oder als Schwärme von Meteoren in unsere Atmosphäre gelangen und hier sichtbar werden. Sie scheinen überall im Weltraum verbreitet zu sein. Die Stoffe, aus welchen die Kometen bestehen, sehr kleine Körperchen, befinden sich in einem sehr losen Zusammenhange, und die lebendige Kraft ihrer Moleküle leistet daher der des Aethers nur geringen Widerstand, doch haben sich die meisten schon kugelförmig zusammengeballt und sehen wie Nebel aus mit einer oder mehreren dichteren Stellen. Wenn die Sonne sich auf ihrer Bahn ihnen so weit nähert, dass die Anziehungskraft sich äussert, so werden sie gegen dieselbe in bewegung gesetzt; aber zugleich durch die lebendige Kraft des Aethers seitwärts fortgetrieben, durcheilen sie eine Bahn um sie, welche je nach der Geschwindigkeit, mit welcher sie sich der Sonne nähern, eine verschiedene ist. Ueberschreitet diese eine gewisse Grenze, so ist die Bahn nicht eine geschlossene, sondern eine offene, eine Parabel oder Hyperbel, und die Kometen verlassen wieder das Sonnensystem, um vielleicht in den Anziehungskreis eines anderen Sternes zu gelangen. Ist die Geschwindigkeit geringer, so werden sie an die Sonne gefesselt und umkreisen sie in meistens gestreckten Ellipsen. Wegen der geringeren Dichte werden die Kometen durch die Einwirkung anderer dichterer Körper leicht aus ihrer Bahn abgelenkt. So durchlief der Lexell'sche Komet zuerst eine langgestreckte Bahn, durch die Einwirkung des Jupiter aber, in dessen Nähe er 1767 kam, wurde sie in eine viel kürzere verwandelt, welche er in ungefähr 5 Jahren 7 Monaten zurücklegte. Auf dieser gelangte er 1779 wieder in die Nähe desselben mächtigen Planeten, so dass er zwischen diesem und seinen Monden hindurchgehen musste, und durch die Einwirkung dieses wurde seine Bahn wieder eine so langgestreckte, dass er seitdem nicht mehr gesehen worden ist. So veranschaulichen uns ganz besonders die Kometen die Wechselwirkung zwischen der lebendigen Kraft des Aethers und der Weltkörper, durch welche die Bewegungen der letzteren hervorgerufen werden. In näherem Zusammenhange mit den Kometen stehen die Schwärme kleinster Körperchen, welche ohne alle Verbindung mit einander, aber neben und nach einander in ungeheurer Anzahl in geschlossenen Bahnen um die Sonne kreisen und, wenn sie zu bestimmten Zeiten in die Atmosphäre der Erde gelangen, hier glühend und so als Sternschnuppen sichtbar werden. Da für die meisten regelmässig wiederkehrenden Schwärme Kometen aufgefunden sind, welche dieselbe Bahn durchlaufen, so muss man annehmen, dass erstere aus letzteren durch Auflockerung und teilweise Auflösung derselben hervorgegangen sind, eine Folge der Einwirkung der viel dichteren Planeten, in deren Wirkungskreis sie gelangen. So lösen sich die wenig dichten Massen der Kometen allmählich in solche Sternschnuppenschwärme auf, und auch diese vermindern sich nach und nach, wenn die kleinen Teilchen derselben in die Wirkungssphäre der Planeten gelangen, auf diese fallen und fortan ihnen angehören. Besonders deutlich tritt dieser Vorgang uns entgegen, wenn die Massen grösser sind und als Meteorsteine auf die Erde stürzen.

Hier erhalten wir die Erklärung für die Tatsache, dass alle nicht gasförmigen Körper mit derselben Geschwindigkeit zur Erde fallen. Gelangt der Meteorstein in unsere Atmosphäre, so ist hier die Masse des Aethers zwischen ihm und dem Mittelpunkte der Erde und in folge dessen die lebendige Kraft desselben zu geringe, um ihm eine tangentiale Bewegung mitzuteilen; degegen wirkt diese Kraft auf allen übrigen Seiten und treibt den Meteorstein dem Erdmittelpunkte entgegen, so dass er mit einer bestimmten Geschwindigkeit auf die Erdoberfläche fällt: Dieselbe lebendige Kraft des auf allen Seiten im Weltraume wirkenden Aethers bedingt stets dieselbe Geschwindigkeit, auch bei allen der Erde angehörigen Körpern, wenn sie irgendwie von der Oberfläche entfernt sind und im freien Falle sich ihr wieder nähern, mag ihre Masse noch so gross oder noch so klein sein. Nur die Arbeit, welche die fallenden Körper vollbringen, ist nach der Masse derselben grösser oder kleiner.

Dieselbe Ursache bewirkt, dass die luftförmigen Körper, deren Moleküle im gegensatz zu den übrigen Körpern auf unserer Erde eine von einander fortschreitende Bewegung zeigen, trotzdem sich nicht in den Weltraum entfernen. sondern sich gegen die Erde hin bewegen und einen Druck auf ihre Oberfläche ausüben. Der Aether im Weltraum hält, wie er die übrigen Körper gegen den Erdmittelpunkt hin treibt, so auch die luftförmigen zurück und fesselt sie an unseren Planeten. dass sie die beständige Hülle derselben bilden.

So erkennen wir überall, auf unserer Erde wie im unendlichen Weltraume bei den zahllosen Weltkörpern, dieselbe Ursache für dieselben Erscheinungen der Massenbewegung und der Aggregatzustände: die Wechselwirkung der lebendigen Kraft des Aethers und der verschiedenen Stoffe.

Aber auch andere Erscheinungen, besonders die des Lichts und der Wärme, werden durch sie bedingt, wie wir oben gesehen haben. Die Quelle derselben sind für uns die Vorgänge auf der Sonne. Auf dieser befinden sich, wie man durch das Fernrohr wahrnehmen kann, die Stoffe in einer beständigen Bewegung, indem sie stark leuchtende kleinere Ansammlungen in einem Netze von weniger hellen Linien und Punkten bilden. Einzelne von diesen Punkten vergrössern sich und entwickeln sich zu Sonnenflecken, während neben ihnen sich häufig Massen in einem noch helleren Glanze, als die andern. zeigen, die sogenannten Sonnenfackeln. Nähern sich die Flecken bei der Rotation der Sonne dem Rande, so werden rosenfarbige, berg- oder wolkenähnliche Hervorragungen, die Protuberanzen in einer wenig leuchtenden, gasförmigen Atmosphäre sichtbar, welche letztere besonders zur Zeit einer totalen Sonnenfinsternis wahrgenommen wird und viele tausende Meilen weit sich über der Sonnenoberfläche in den Weltraum erstreckt. Alle diese Erscheinungen sind in verbindung mit dem ausserordentlich starken Lichte und der sehr grossen Wärme, welche sie begleiten, und mit der geringen Dichte, ungefähr gleich der des Wassers, Zeichen, dass die Moleküle der Stoffe wie des Aethers sich in einer heftigen Bewegung befinden und mit einer ausserordentlich grossen lebendigen Kraft auf einander stossen, und zwar muss dieses in der mannigfachsten Weise stattfinden, da die verschiedenartigsten Moleküle auf einander wirken. So entstehen Schwingungen aller Art. Indem zugleich der Aether des Weltraums auf allen Seiten gegen die Sonne stösst, gerät er in dieselben schwingenden Bewegungen und pflanzt dieselben nach allen Richtungen hin mit ausserordentlicher Schnelligkeit, über 40,000 geogr. Meilen in 1 Sek., fort, bis sie auf ein Hindernis stossen oder die Stärke der einzelnen Schwingungen allmählich abnimmt. So treffen diese Molekularbewegungen des Aethers auch beständig die Erde, und hier werden sie von uns entweder als Wärme oder als Licht empfunden, je nachdem die Zahl der Schwingungen in 1 Sek. unter 400 Billionen bleibt oder darüber hinausgeht.

So ist heute die Ansicht Newtons aufgegeben, welcher das Licht für einen höchst feinen, unwägbaren und allen leuchtenden Körpern entströmenden Stoff erklärte, und die von Huyghens angenommen, durch welche alle Erscheinungen besser erklärt werden, besonders auch die, dass wenn Licht zu Licht gebracht wird, Dunkelheit entsteht, was nur möglich ist, wenn Bewegungen einander aufheben. Wenn die Moleküle 400—800 Billionen Schwingungen in 1 Sek. machen, so entsteht durch alle zusammen weisses Licht, durch jede einzelne eine besondere Farbe. Unser Auge vermag indessen so feine Unterschiede, wie sie durch wenige Schwingungen bedingt werden, nicht zu empfinden, sondern nur grössere, wie 400—470 Billionen als rot, 470—520 Billionen als orange u. s. w. Wird ein Strahl weissen Lichts durch ein Glasprisma gelenkt, so können die verschiedenen Schwingungen sich zwischen den Körpermolekülen nicht mit der gleichen Geschwindigkeit fortpflanzen, wie durch den Aether im Weltraum: jede Schwingung hat einen Widerstand zu überwinden, und je mehr Schwingungen in 1 Sek. stattfinden, desto grösser ist der Widerstand, welchen sie zwischen den Körpermolekülen antreffen. Daher muss Licht von einer grösseren Schwingungszahl sich langsamer durch den durchsichtigen Körper fortpflanzen als solches von kleinerer. Von dieser Verminderung der Geschwindigkeit rührt die Brechung der verschiedenen Lichtstrahlen her: sie ist um so stärker, je höher die Schwingungszahl ist; folglich erfährt violettes Licht die stärkste, rotes die geringste Brechung.

Wird ein Strahl weissen Sonnenlichts durch ein oder mehrere Prismen zerlegt, so nimmt man in dem so entstandenen Spectrum über den verschiedenen Farben noch verschiedene dunkele Linien von geringerer oder grösserer Breite und mehr oder weniger dunkler Färbung, aber immer an denselben Stellen wahr, d. h. sie entsprechen stets denselben Wellenlängen. Diese Beobachtung wurde die Ursache einer folgenschweren Entdeckung durch Kirchhoff und Bunsen 1860. Diese erkannten, dass glühende feste und flüssige Körper ein continuirliches Spectrum geben, in welchem je nach Farbe und Helligkeit der Glut einzelne Farben fehlen, andere vorherrschen. Glühende Dämpfe dagegen und leuchtende Gase enthalten nur wenige Schwingungszahlen, also nur wenige Farben, und man nimmt im Spectrum nur wenige farbige Streifen wahr; aber jedem Stoffe entsprechen Streifen von einer bestimmten Wellenlänge. So zeigt glühender Natriumdampf nur Schwingungen von 520 Billionen in 1 Sek., welche als gelb von uns empfunden werden, leuchtender Wasserstoff bei geringem Drucke drei verschiedene: von 470 Billionen, welche als rot, von 640, welche als blaugrün, von 720 Billionen, welche als blau empfunden werden. Das Spectrum des Natriumdampfes besteht also aus einem gelben, das des Wasserstoffes aus drei Streifen an verschiedenen Stellen.

Wenn nun die von solchen glühenden Dämpfen ausgehenden Strahlen durch weniger heisse Dämpfe desselben Stoffes hindurchgehen müssen, so werden sie hier absorbiert, und an stelle der farbigen Streifen treten dunkle von derselben Wellenlänge. Daher sind die dunkelen Streifen im Spectrum der Sonne Zeichen, dass auf ihr glühende Dämpfe der verschiedenen Stoffe von minder heissen umgeben sind, in welchen die von jenen ausgehenden Lichtwellen absorbiert werden. Dadurch ist das Mittel gegeben, aus der Zahl und der Wellenlänge der Streifen die Stoffe zu bestimmen, welche auf Weltkörpern in unerreichbaren Fernen sich im gasförmigen Zustande befinden. Und so erkennen wir denn nicht nur die Zusammensetzung und die Beschaffenheit der Sonne, sondern auch der fernsten Fixsterne und selbst der schwach leuchtenden Nebelflecken und Kometen.

Die Summe der lebendigen Kraft, welche durch die Schwingungen der Sonnenmoleküle erzeugt und durch die des Aethers als Wärme auf unsere Erde übertragen wird, ist eine sehr grosse: nach Pouillets Messungen ¹/₄ Million Calorieen auf jeden Quadratcentimeter der Erdoberfläche. Nur durch sie werden alle Bewegungen der unorganischen Körper und alle Lebenserscheinungen der Organismen hervorgerufen. Würde sie der Erde nicht mehr zugeführt werden, so würden durch den gewaltigen Druck des auf allen Seiten gegen ihre Oberfläche stossenden Aethers die schwingenden Bewegungen der Moleküle der festen Körper fast gänzlich unterdrückt werden, alles Wasser zu Eis erstarren und selbst die Luftarten, welche die Atmosphäre bilden, nach Unterdrückung der fortschreitenden Bewegung ihrer Moleküle zuerst flüssig und dann fest werden.. Jetzt aber erwärmen die Sonnenstrahlen beständig einen grossen Teil der Erdoberfläche und die darüber befindliche Luft. Diese strömt ab, kältere Luftschichten treten an ihre Stelle, werden erwärmt, und so entsteht eine beständige Bewegung in der Atmosphäre, durch welche die Wärme auch nach den den Polen näher liegenden Gegenden geleitet wird.

Auch das Wasser wird auf der Oberfläche der Meere, der Seeen, der Flüsse beständig erwärmt und durch die lebendige Kraft der Sonnenstrahlen in Dampf verwandelt. Dieser steigt in die Atmosphäre empor. seine Moleküle diffundieren zwischen die der letzteren, bis durch Abkühlung jene Kraft vermindert wird, der Dampf sich zunächst zu Wolken verdichtet, diese zu Regen und dieser wieder auf die Erde stürzt. Durch die lebendige Kraft des fallenden Wassers werden Gesteine zerstört, fortgerissen und als Gerölle, Sand, Schlamm an anderen Stellen abgelagert: und so entstehen heute noch, wie in früheren Zeitaltern der Erde, die klastischen Sedimentgesteine, welche einen sehr grossen Teil der Erdoberfläche bilden. Und nicht nur auf der Oberfläche führt das Wasser Veränderungen herbei. es dringt auch in die Tiefen der Erde, sammelt sich in den Spalten und Höhlen der Vulkane an. und wenn es durch die hier herrschende Wärme erhitzt und in Dampf verwandelt wird, so bewirkt dasselbe den Ausbruch des Vulkans, indem es die Lava emporhebt und ausstösst, um so selbst aus der Oeffnung zu entweichen.

In diesen Fällen übt das Wasser eine mechanische Wirkung aus, in anderen ist es Lösungsmittel. Es vermag nämlich gewisse Steine aufzulösen. Wenn die Cohäsion der Moleküle derselben von der Adhäsion an die Moleküle des Wassers übertroffen wird, so zergeht der feste Körper, seine Moleküle entfernen sich von einander und lagern sich zwischen die des Wassers. Es wird hier ebenso der Zusammenhang des festen Körpers aufgehoben, wie in dem oben erwähnten Vorgange durch Zuführung von Wärme. Steigert sich die Temperatur des Wassers, so erhöht sich auch die Löslichkeit des Körpers. Es ist also auch hier Molekularbewegung, welche verschwinden muss, um eine gleich grosse Arbeit zu vollbringen, die Aufhebung der Cohäsion. Bei jeder Lösung wird Wärme gebunden, und zwar mehr als bei der oben erwähnten Schmelzung des festen Körpers, und um so mehr, je grösser die Verdünnung ist. Wird die molekulare Bewegung, welche verbraucht ist, wieder frei, indem das Wasser verdunstet, so wird die Cohäsion der Moleküle wieder grösser, und sie vereinigen sich zum festen Körper, indem sie sich in bestimmten Richtungen ordnen. Solche Körper zeigen eine krystallinische Structur, wie Steinsalz, Gyps, Kalksinter.

In älteren Perioden der Erde vermochte das Wasser unter höherem Drucke und bei einer höheren Temperatur, als heute, Gesteine zu lösen, welche heute nur in sehr kleinen Mengen im Wasser löslich sind, wie Quarz, Feldspat, Glimmer. Indem diese sich allmählich als Niederschläge absonderten und krystallisierten, entstanden jene weit verbreiteten krystallinischen Schiefergesteine, welche die Schichtung mit den sedimentären Gesteinen, die Zusammensetzung aus Silikaten, wie Quarz, Feldspat u. a. mit den Eruptivgesteinen gemeinsam haben.

Diese Lösungen führen uns zu den chemischen Verbindungen, den Grundlagen aller Lebenserscheinungen in Tieren und Pflanzen. Auch sie bestehen, wie die Zustandveränderungen, in Bewegungen der kleinsten Teilchen, aber innerhalb der Moleküle. Wir müssen drei Arten von Bewegungen unterscheiden: 1. Mechanische oder Massenbewegung, bei welcher sich ein Körper als ganzes bewegt, ohne dass die Moleküle desselben ihre Stellung zu einander verändern, z. B. die Bewegung eines fallenden Steines. 2. Molekulare Bewegungen, wenn die Moleküle eines Körpers innerhalb desselben ihre Stellung zu einander verändern, indem sie sich gegen einander bewegen, entweder nach Zuführung von Wärme oder eines Lösungsmittels. 3. Bewegungen innerhalb der Moleküle. d. h. der Atome gegen einander, aus welchen jedes Molekül zusammengesetzt ist. Sie finden in derselben Weise statt, wie die der Moleküle eines festen Körpers. Die Atome suchen sich mit einander gänzlich zu vereinigen, werden aber durch die zwischen ihnen wirkenden Aetheratome gehindert und schwingen nun in einer Gleichgewichtslage hin und her. Wird ihre lebendige Kraft durch Zuführung von Wärme gesteigert, so werden die schwingenden Bewegungen stärker, sie gehen in kreisförmige, dann in elliptische Bahnen über und zuletzt bei fortschreitender Erwärmung in Parabeln und Hyperbeln, und die Atome fahren auseinander. Dieses ist die Erscheinung der Dissociation chemischer Verbindungen, welche durch grosse Hitze herbeigeführt wird, also auch zur Wärmebewegung gehört. Wir erkennen bei der Erwärmung eines Körpers nur diejenige Wärme, welche die Moleküle in heftigere Bewegung versetzt und den Aggregatzustand ändert, die andere, welche gleichzeitig die Bewegung der Atome steigert, wird für uns latent. Da nun das Verhältnis dieser Bewegungen sich nach der chemischen Natur der Körper ändert, so ist die Wärmemenge, welche man einem Körper zuführen muss, um ihn um 1° zu erwärmen, nicht für alle Stoffe gleich gross, und wir unterscheiden bei jedem Körper eine specifische Wärme.

Wir sahen, dass der Aggregatzustand der Körper nicht nur durch Wärme, sondern bei einzelnen auch durch ein Lösungsmittel, besonders durch Wasser geändert wird, wenn die Adhäsion der Moleküle jener an die des Wassers stärker ist als ihre Cohäsion. Dasselbe findet auch innerhalb der Moleküle statt. Ueberwiegt die Cohäsion der Atome über die Adhäsion an verschiedenartige Atome, so geht ein solcher Körper schwer chemische Verbindungen ein, ist die Adhäsion stärker, so finden solche leichter statt.

Ein Atom kann nicht für sich allein bestehen, sondern vereinigt sich stets mit einem oder mehreren gleichartigen oder verschiedenen zu einem Molekül. Diese Vereinigung geschieht in bestimmten Gewichtsmengen und in einer oder in mehreren bestimmten Richtungen, unabhängig von der Wirkung der Schwerkraft. Die kleinste Gewichtsmenge, welche im freien Zustande vorkommen kann, ist ein Molekül Wasserstoff, welches in Dampfform bei 0° und 760 Millim. Barometerstand den Raum von zwei Atomen Wasserstoff einnimmt.

Die chemische Affinität des Wasserstoffs nimmt man als Einheit an und bestimmt nach ihr die chemische Valenz der anderen Stoffe, d. h. welche Gewichtsmenge eines Körpers ein Atom Wasserstoff in einer chemischen Verbindung zu ersetzen vermag. Von den chemischen Elementen, den Körpern, welche nicht weiter in verschiedenartige Bestandteile zerlegt werden können, sind Chlor, Brom, Jod, Kalium, Natrium einwertig: es genügt ein Atom Wasserstoff, um die Affinität eines Atoms dieser Elemente zu sättigen. Sauerstoff und Schwefel sind zweiwertig: die Affinität eines Atoms derselben wird durch zwei Atome Wasserstoff gesättigt; Stickstoff und Phosphor sind dreiwertig, Kohlenstoff

3

vierwertig. Ein Beispiel einer gesättigten chemischen Verbindung des Wasserstoffs ist das schon erwähnte, zwei Atome enthaltende Molekül freien Wasserstoffs, ein solches einer gesättigten Verbindung des Sauerstoffs ist das Wasser, weil ein Atom Sauerstoff zwei des Wasserstoffs bindet, des Stickstoffs das Ammoniak, weil zu einem Atom Stickstoff drei Atome Wasserstoff treten müssen, und des Kohlenstoffs das Sumpfgas, dessen Moleküle aus einem Atom Kohlenstoff und vier Atomen Wasserstoff bestehen.

Um die Atome in diesen Verbindungen von einander zu trennen, wird, wie schon gesagt ist, eine bestimmte Summe lebendiger Kraft in der Form der Wärme verbraucht und eine gleich grosse Spannkraft der jetzt freien Atome erzeugt. Treten diese wieder zu chemischen Molekülen zusammen, so schwindet ihre Bewegung und es wird die vorher verbrauchte Wärme wieder frei, und so nehmen wir bei chemischen Verbindungen stets Wärme, zuweilen auch Lichterscheinungen wahr. An die Stelle eines Atoms in einer chemischen Verbindung kann auch ein anderes gleichwertiges von stärkerer Affinität treten, denn die Stärke der Anziehung zwischen den Atomen wechselt mit der chemischen Natur der Stoffe. So kann man, um eine Verbindung von Kohlenstoff und Wasserstoff zu zersetzen, die stärkere Affinität des Sauerstoffs zu jedem der beiden Elemente benutzen. Auch hier wird Wärme frei, ein Teil jedoch wird verbraucht, um die schwächere Affinität zu lösen.

Wenn für die Atome des einen Stoffes solche eines anderen in eine chemische Verbindung eintreten, so müssen sie, um diese zu sättigen, denselben Wert haben wie diejenigen, welche durch sie verdrängt werden. So muss, um statt der Verbindung von zwei Atomen Wasserstoff eine andere hervorzurufen, statt des einen Atoms ein gleichwertiges anderes eintreten, z. B. Chlor, woraus dann die Chlorwasserstoffsäure entsteht, ein Körper von ganz anderen Eigenschaften als der vorige.

Die chemischen Verbindungen, welche die unorganischen Körper eingehen, sind nur einfache, gebildet durch den Zusammentritt von zwei, selten von drei Elementen. Die so gebildeten Moleküle erhalten durch die Schwerkraft eine Richtung nach dem Erdmittelpunkte hin und lagern daher, wenn sie grössere Körper bilden, neben einander, aber häufig ordnen sie sich in bestimmten Richtungen, so dass die Körper, welche aus ihnen bestehen, eine krystallinische Structur zeigen.

Treten aber mehr Atome zu Molekülen zusammen, so dass quaternäre, quinäre und noch höhere Verbindungen entstehen, so müssen schon mannigfachere Gestaltungen hervorgehen, da die Atome sich in der mannigfaltigsten Weise an einander schliessen und die verschiedenartigsten Moleküle bilden. Solche Verbindungen kommen in den organischen Körpern vor, und sie sind die Ursache, dass diese bestimmte Gestalten annehmen, welche von denen der unorganischen Körper gänzlich abweichen.

Die Stoffe, aus welchen die Organismen bestehen, sind vor allen Kohlenstoff, Wasserstoff, Sauerstoff, Stickstoff, von den die zwei letzten unsere Atmosphäre zusammensetzen, das zweite aber und das dritte die Bestandteile des Wassers bilden. Ausserdem kommen Schwefel, Phosphor, Chlor, Kalium, Natrium, Calcium, Magnesium, Eisen vor, seltener einige andere Elemente, wie Jod, Silicium, Kupfer u. a. Alle diese Elemente kommen auch in der Zusammensetzung der Erdoberfläche vor, sind aber hier in anderen Mengen verteilt und zum teil weit verbreitet, wie Silicium.

Wichtig ist vor allem für die Organismen der Kohlenstoff, welcher einen wesentlichen Bestandteil jeder Verbindung in diesen ausmacht und sich durch die Eigenschaft auszeichnet, die mannigfachsten zusammengesetzten Verbindungen mit anderen Elementen einzugehen. Er ist, wie schon gesagt, vierwertig: es sind also vier Wasserstoffatome erforderlich, um die Affinität eines Kohlenstoffatoms zu sättigen. Diese vier Atome können aber durch die Affinitäten anderer Atome oder durch Affinitäten von Atomgruppen ersetzt werden. So sind in einem Molekül Chloroform die vier Affinitäten des Kohlenstoffs durch drei Atome Wasserstoff und ein Atom Chlor gesättigt, dagegen in einem Molekül Nitroform durch ein Atom Wasserstoff, aber durch drei Affinitäten, welche von der zweiten Atomgruppe, welche aus drei Sauerstoff und drei Stickstoff besteht, übrig bleibt, da Sauerstoff ein zweiwertiges, Stickstoff ein dreiwertiges Element ist, also von jeder Verbindung eine Affinität ungesättigt bleibt. Im Nitromethyläther ist in der ersten Atomgruppe eine Affinität übrig, welche durch die eine Affinität des Sauerstoffatoms gesättigt wird, während die andere desselben Atoms durch die eine freie Affinität der letzten Atomgruppe gebunden wird. So wird jedes Glied einer organischen Verbindung durch eine oder mehrere freie Affinitäten festgehalten, so dass die ganze Verbindung gesättigt ist. Dieses Nebeneinandertreten von ungesättigten Atomgruppen ist die Ursache, dass die Bestandteile der organischen Verbindungen sich kettenähnlich an einander reihen und diese im Verhältnis zu den unorganischen Körpern eine sehr zusammengesetzte Beschaffenheit zeigen.

Es ist bisher noch nicht gelungen, ein einzelnes Atom oder selbst solche Atomgruppen zu erblicken, und wir können daher ihre wirkliche Gestalt nicht erkennen; aber das müssen wir annehmen, dass, je mehr Atome zu Gruppen und je mehr Gruppen wieder zu einem chemischen Molekül zusammentreten, desto weniger das einzelne Atom in einem solchen Molekül der Schwerkraft unterworfen ist, welche danach strebt, jedes Atom in derselben Weise dem Erdmittelpunkte zu nähern und daher die einzelnen in einfachen Ordnungen neben und über einander lagert, wie wir dieses an den Bestandteilen der unorganischen Körper wahrnehmen. Vielmehr werden organische Verbindungen, je mehr zusammengesetzt sie sind, desto mehr auch durch die Gestalt, welche die Vereinigung aller Moleküle annimmt, den Widerstand der einzelnen Teile gegen die Schwerkraft anzeigen müssen, und wir werden dieselbe Erscheinung wahrnehmen, wie bei dem Plateau'schen Versuche. Hier wird Wasser mit Alkohol zusammengegossen, so dass die Mischung dasselbe specifische Gewicht wie Olivenöl erhält. Bringt man dann eine kleine Menge dieses Oeles in jene Mischung, so muss es in derselben frei schweben, da es wegen des gleichen specifischen Gewichtes nicht der Wirkung der Schwerkraft unterliegt, aber wegen der Cohäsion seiner Teilchen schliesst es sich gegen die umgebende Flüssigkeit ab und nimmt Kugelform an.

Eine ähnliche Gestalt zeigen in der tat die sehr zusammengesetzten Verbindungen, welche die elementaren Bestandteile der Pflanzen und Tiere bilden, die Zellen. Wir können sie mit bewaffnetem Auge stets wahrnehmen und wissen heute, dass aus ihnen und den aus ihnen hervorgegangenen Gebilden alle Pflanzen- und Tierkörper zusammengesetzt sind, und dass alle Lebenserscheinungen auf den Vorgängen in ihnen beruhen. Früher vermochte man das Leben nur unvollkommen in seine einzelnen Aeusserungen zu trennen und fasste es als die Wirkung einer dem Organismen eigentümlichen Lebenskraft auf. Dann als man die Vorgänge der Ernährung, Fortpflanzung, Empfindung, Bewegung schärfer unterschied, schrieb man diese wieder besonderen Kräften zu. Heute nun hat man erkannt, dass diese Vorgänge die Folge eines Zusammenwirkens einfacherer sind, welche in den einzelnen Zellen stattfinden, und diese Vorgänge lassen sich wieder auf die einfachsten physikalischen und chemischen Processe zurückführen, welche wir in der unorganischen Natur wahrnehmen. So haben wir durch die kleinen Gebilde der Zellen den Zusammenhang sowohl zwischen den Gestalten der unorganischen Welt und den von ihnen so abweichenden der pflanzlichen wie tierischen Organismen gefunden, als auch zwischen den einfachsten Vorgängen in den ersteren und den Lebenserscheinungen in den letzteren.

Die Zellen sind sphärische Körperchen von weicher Substanz, deren feste Bestandteile innig von Flüssigkeit durchdrungen sind. Man unterscheidet drei Teile an ihnen: der für die Lebenserscheinungen wichtigste ist das Protoplasma, eine durchsichtige, relativ feste, von Flüssigkeit durchdrungene Masse, in welcher zahlreiche Körnchen suspendiert sind. Diese Masse ist von einer festeren Begrenzungshaut, der Membran, umschlossen. Im Inneren des Protoplasmas, aber mehr nach der einen Seite zu, befindet sich der bläschenförmige Kern, welcher aus einer Membran und einem flüssigen Inhalt zu bestehen pflegt und häufig noch als festeren Niederschlag das Kernkörperchen enthält. Der ursprünglichste Bestandteil ist das Protoplasma: dieses fehlt niemals, und die niedrigsten Organismen, die Moneren, bestehen nur aus hüllenlosem Protoplasma. Andere dieser niederen Organismen zeigen schon einen Kern, wie die nackten Amöben. Bei den höheren Organismen, den Pflanzen und Tieren, sind diese beiden Bestandteile immer vorhanden, wohl aber fehlt in den ersten Entwickelungszuständen die Membran; später zeigen diese Zellen alle drei Teile. Jeder Organismus entwickelt sich aus einer Zelle, und jede Zelle kann nur aus einer schon vorhandenen hervorgehen. Eine Urzeugung, d. h. eine unmittelbare Entstehung von Organismen aus Bestandteilen der unorganischen Natur muss heute verworfen werden, nachdem man erkannt hat, dass selbst niedere Organismen, wie Pilze, Algen, Infusorien, bei welchen man sie annahm, da man Keime derselben nicht beobachtete, nur aus schon vorhandenen Keimen hervorgehen.

Die ersten Organismen können allerdings nicht aus Keimen entstanden sein, sondern müssen durch chemische Verbindung unorganischer Stoffe gebildet worden sein. Es ist schwer, sich diesen Vorgang vorzustellen; doch zwingen uns, wie schon erwähnt ist, viele Tatsachen, anzunehmen, dass sich alle Stoffe in der ersten Zeit der Erde bei einer sehr grossen Wärme im dampfförmigen Zustande befunden haben. In diesem waren ihre molekularen Bewegungen so heftig, dass der Gegenstoss des Aethers im Weltraum die besonderen Bewegungen der einzelnen Moleküle nicht so hemmte, wie heute, wo die meisten Stoffe fest geworden und der Schwerkraft unterworfen sind. Als aber die Wärmebewegung unter dem Drucke des Aethers allmählich abnahm, fing ein Teil der Stoffe an in den festen Aggregatzustand überzugehen, indem ihre Moleküle, der Schwerkraft nachgebend, sich in einfachen Reihen mit einander verbanden: Sauerstoff und Wasserstoff, welche noch heute im luftförmigen Zustande vorkommen, vereinigten sich grösstenteils zu Wasser, während ein anderer Teil des Sauerstoffs mit Stickstoff gemischt, indem beide im luftförmigen Zustande verblieben, die Atmosphäre zusammensetzten. Ein Teil aber dieser letzteren Stoffe, sowie der schon oben genannten, in welchen die ursprüngliche Molekularbewegung sich noch erhielt, vereinigte sich unter dem Drucke des Aethers zu mannigfaltigeren Verbindungen, als die übrigen Körper, und bildete sehr zusammengesetzte kleine Molekülgruppen, das Protoplasma der ersten einfachsten Organismen auf unserer Erde.

Als die ursprüngliche Wärme auf dieser immer mehr abnahm, aber durch die wirksamer werdenden Sonnenstrahlen eine grosse Summe der verschiedenartigsten Molecularbewegung auf die Oberfläche der Erde übertragen wurde, entwickelten sich unter dem Einfluss derselben allmählich höhere Bildungen aus den einfachsten Organismen, während zugleich durch die Wärme und das Licht der Sonne die physikalischen und chemischen Vorgänge in den nicht organisierten Körpern hervorgerufen wurden.

Diese Annahme erhält ihre Bestätigung durch den Umstand, dass die Organismen, welche in den Schichten der Erdoberfläche gefunden werden, desto einfacher sind, je älter die Schicht ist, desto mehr entwickelt, je jünger sie ist, dass die höheren Tiere, Amphibien, Vögel, Säugetiere in den jüngsten Schichten, die Ueberreste des Menschen endlich nur in den zuletzt abgelagerten vorkommen. Indem wir so den jetzigen Zustand der Erde nur als eine Folge verschiedener Entwickelungsstufen betrachten, erkennen wir den gleichen Ursprung der so verschiedenen Gestalten der Organismen und der unorganischen Körper und der verschiedenen Molekularbewegungen in ihnen, sowie die nächsten Ursachen, welche eine Sonderung derselben herbeigeführt haben.

Die Bewegung der Moleküle in den organischen Zellen entspringt aus der sehr zusammengesetzten chemischen Beschaffenheit der Eiweissstoffe, welche das Protoplasma bilden. Diese bestehen in 100 Teilen aus 52—54 Teilen Kohlenstoff, 7 Wasserstoff, 15—17 Stickstoff, 21—23,5 Sauerstoff und 1—1,5 Schwefel. Indem die Atomgruppen derselben sich in sehr mannigfacher Weise aneinander schliessen, um eine gesättigte Verbindung zu bilden, nehmen die Teilchen derselben eine besondere Bewegung an, welche, gegen einander nach dem Inneren der Zelle gerichtet, den von aussen wirkenden Molekularbewegungen des Lichts, der Wärme, chemischer Moleküle widerstand leistet. Die Folge davon ist zunächst, dass sich der Eiweisskörper in seinem Bestande erhält, sodann dass in seinem Inneren aus seinen Bestandteilen der Kern hervorgeht, eine wahrscheinlich noch zusammengesetztere Verbindung, und endlich dass durch Teilung des Kerns und mit ihm des übrigen Zellinhaltes eine neue Zelle entsteht.

Auf die sehr zusammengesetzten organischen Verbindungen wirken beständig die in der unorganischen Natur stattfindenden Molekularbewegungen unter dem Drucke des Aethers im Weltraum ein, um sie in weniger zusammengesetzte, diese in die einfachsten zu zerlegen. Diese letzteren bestehen aus Atomen derjenigen Stoffe, welche die stärkste Affinität besitzen, also mit der grössten Kraft sich vereinigen, nämlich aus Kohlenstoff und Sauerstoff, welche Kohlensäure, aus Sauerstoff und Wasserstoff, welche Wasser bilden; eine schwächere Affinität ist die zwischen Stickstoff und Wasserstoff, aus welchen Ammoniak besteht. Diese drei einfachen Verbindungen sind immer die Endprodukte, welche aus der Spaltung zusammengesetzter organischer Verbindungen hervorgehen. Durch die Vereinigung der Atome in ihnen wird die lebendige Kraft als Wärme wieder frei, welche früher verbraucht war, um die zusammengesetzten organischen Verbindungen herzustellen und in ihrem Bestande zu erhalten.

Die lebende protoplasmahaltige Zelle widersteht zwar als ein Ganzes diesen zerstörenden Einflüssen, doch bleiben einzelne Teilchen nicht in der bisherigen Verbindung erhalten. Es entsteht zunächst eine Membran, wahrscheinlich eine niedrigere Verbindung als das Protoplasma; andere Teilchen, welche sich zu zersetzen angefangen haben, werden durch eine nach der Peripherie hin gerichtete Bewegung entfernt. Indem so die beiden Bewegungen, nach innen und nach aussen, mit einander abwechseln, vermitteln sie die Aufnahme neuer Stoffe, welche zur Erhaltung der Zelle dienen, und die Entfernung zersetzter Bestandteile.

Diese Bewegungen werden durch das Wasser erleichtert, welches die Zelle durchdringt, indem seine Moleküle sich zwischen die der letzteren lagern. Diese Diffusion der Flüssigkeit in den organischen Körper bildet den Gegensatz zu den Lösungen, in welchen die Moleküle des festen Körpers sich zwischen die der Flüssigkeit lagern. Sie ist die Ursache des eigenthümlichen Aggregatzustandes der organischen Körper, welcher die Mitte zwischen dem festen und flüssigen bildet.

So ist schon das Leben der einzelnen Zelle ein beständiger Kampf der höheren chemischen Verbindung gegen die starken Affinitäten einzelner Stoffe, welche, durch den Druck des Aethers gezwungen, aus jenen einfache Moleküle zu bilden streben.

Noch mehr zeigt sich dieses in dem Leben der aus einer grösseren Anzahl Zellen zusammengesetzten Organismen, der Pflanzen und der Tiere. Bei den niedrigsten Organismen ist die einzelne Zelle, wenngleich eine sehr zusammengesetzte chemische Verbindung, noch nicht von einer solchen Beschaffenheit, dass sich verschiedenartige Zellen aus ihr entwickeln: jede ist der anderen gleich, und jede bildet für sich einen besonderen Organismus.

Bei den Pflanzen und Tieren dagegen sind die einzelnen Zellen einander nicht gleich, weil sie nicht dieselbe chemische Zusammensetzung haben. Es gehen hier aus der Keimzelle teils Zellen von einer mehr zusammengesetzten Beschaffenheit, teils solche hervor, in welchen sich einfachere Verbindungen zeigen, so dass die ursprüngliche Zelle sich in verschiedenartige differenziert. Von diesen kann keine einzeln bestehen, sondern alle zusammen bilden das Tier oder die Pflanze.

Die Vorgänge in den Zellen der letzteren unterscheiden sich wesentlich von den in den Tieren. Wenn aus einer Pflanzenzelle sich neue entwickeln, so teilt sich in ihr der Kern in dem sich um ihn verdichtenden Protoplasma, ein Teil des letzteren sammelt sich um den neuen Kern, und indem es sich vom alten Protoplasma abschnürt, bildet es die neue Zelle, welche bald durch eine Membran äusserlich abgeschlossen wird. Diese letztere erfährt bald eine chemische Umwandlung und geht in die Cellulosehaut über, und diese verdickt sich allmählich, indem sich auf ihrer inneren Seite neue Celluloseschichten ablagern. In diesen bleiben Kanäle offen, welche frei in die Zellhöhle münden, an der Oberfläche der Zelle aber durch die erste Cellulosehaut geschlossen sind. Sie haben in den neben einander befindlichen Zellen eine correspondierende Lage, so dass zwei Kanäle an einander stossen; zuweilen schwindet die Membran zwischen ihnen, und der Kanal wird zur offenen Pore. Wenn die Zelle wächst, bleiben oft die aufgelagerte Membran, sowie das Protoplasma im Wachstum zurück. Erstere wird dann in verschiedenartige Bänder auseinandergezogen, letzteres wird allmählich durch den Zellsaft und die in ihm sich ablagernden festen und fetten Stoffe verdrängt und bleibt zuletzt noch als eine zusammenhängende Schicht an der Wand der Zelle angehäuft. Auch der Kern wird mit der Vergrösserung der Zelle kleiner und verschwindet zuletzt mit dem Protoplasma. Dieses zeigt in den jugendlichen Zellen eine eigene, teils fortschreitende, teils schwingende Bewegung seiner Teilchen, welche mit seinem Schwinden aufhört. Sie ist überhaupt nie so bedeutend, wie in der Tierzelle: während durch die in der letzteren Ortsveränderungen derselben bewirkt werden, bleibt die Pflanzenzelle fest an ihrer Stelle und wird nur durch äussere Einwirkungen in bewegung gesetzt.

Die Pflanzenzellen lagern sich während ihres Wachstums zum teil nach allen Richtungen gleichmässig neben einander und bilden dann das Parenchymgewebe, zum teil wachsen sie, wie im Bast und im Holze, zu gestreckten Formen, welche innig mit einander verwachsen und das Prosenchymgewebe bilden. Andere Zellen reihen sich in der Längenrichtung an einander, und aus ihnen entstehen, nachdem die Querwände zwischen den einzelnen Zellen resorbiert worden, lange Schläuche, die Gefässe, welche in Bündel zusammentreten. Aus den beiden Geweben, den Zellen und den Gefässen, sind die beiden Organe, welche die Pflanze besitzt, zusammengesetzt: die Achsenorgane und die Blattgebilde. In den ersteren sind die Gefässbündel bald über das ganze Parenchymgewebe zerstreut, wie in den Monocotyledonen, bald bilden sie einen oder mehrere Ringe, wie in den Dicotyledonen. In den Blattgebilden verlaufen sie in einer anderen Anordnung: hier strahlen sie in dem Parenchymgewebe teils aus einander, teils sind sie netzförmig mit einander verbunden. Durch Umwandlung der Blattgebilde entstehen die Blütenorgane, die Kelch-, Frucht- und Blumenblätter und die Staubgefässe.

In der Pflanzenzelle zeigt sich recht deutlich die gegen die Peripherie gerichtete Molekularbewegung. Schon der Kern vermag sich nicht zu erhalten und verschwindet mit dem Protoplasma in der alternden Zelle. Noch mehr zeigt sich diese Bewegung in der Absonderung der Celluloseschichten aus dem eiweisshaltigen Protoplasma als einer niedrigeren Verbindung und in dem allmählichen Schwinden jenes, welches offenbar in einfachere Moleküle zerfällt, denn es sammeln sich im Zellsafte Körnchen von Stärke und Fetttropfen an.

Wie schon erwähnt, greifen die Molekularbewegungen der unorganischen Körper fortwährend den Bestand der organischen an, um sie in einfachere, in die einfachsten, in Kohlensäure und in Wasser zu zersetzen. In diesen ist ein Atom Kohlenstoff mit der grössten Zahl von Sauerstoffatomen verbunden. ebenso wie ein Atom Sauerstoff mit der grössten Zahl von Wasserstoffatomen, und diese Verbindungen sind, wie schon erwähnt ist, so stark, dass sie nur durch sehr grosse Wärme getrennt werden. Je zusammengesetzter nun ein chemisches Molekül ist, desto weniger Sauerstoffatome sind mit einem Atom Kohlenstoff und einem Atom Wasserstoff verbunden, und diese Atome, zu Gruppen vereinigt, haben dann einen um so loseren Zusammenhang. Am zusammengesetztesten sind die Eiweisskörper. Wie Lieberkühn aus der oben angeführten procentischen Zusammensetzung berechnet hat, enthält ein Molekül derselben auf 72 Atome Kohlenstoff und 112 Wasserstoff nur 22 Sauerstoff, ausserdem 18 Stickstoff und 1 Atom Schwefel. Das Eiweiss wird in stickstofffreie Verbindungen· zersetzt, welche sauerstoffreicher sind, in die Kohlenhydrate. Von diesen haben die Cellulose, aus welcher sich die Zellenwandung bildet, und die Stärke eine gleiche Zusammensetzung: in derselben kommen auf 6 Atome Kohlenstoff und 10 Wasserstoff schon 5 Sauerstoff. In den Zuckerarten, der Saccharose und Lactose, kommen auf 12 Atome Kohlenstoff und 22 Wasserstoff 11 Atome Sauerstoff und in den Glykosen auf 6 Kohlenstoff, 12 Wasserstoff 6 Atome Sauerstoff. Andere niedrigere Verbindungen, welche aus dem Protoplasmaeiweiss hervorgehen, sind die weit sauerstoffärmeren Fette.

Wenn das Protoplasma der Zelle geschwunden ist, hören alle chemischen Processe in dieser auf, und mit ihnen alle Lebenserscheinungen. Diese Zellen, welche bei den höheren Pflanzen in grosser Zahl vorkommen, dienen dann allein als Stütz- und Diffusionsapparate, um das Wasser aus der Wurzel emporsteigen zu lassen.

Andere Zellen behalten ihr Protoplasma, zerfallen jedoch in zwei Gruppen, in welchen die Lebenserscheinungen verschieden sind. In den einen sondert sich unter dem Einfluss des Lichts das Chlorophyll aus dem Protoplasma ab. Seine Zusammensetzung ist noch nicht erkannt, aber es ist das stärkste Reductionsferment, welches wir kennen. Wenn es dem Lichte ausgesetzt ist, zerlegt es die festen Verbindungen der Kohlensäure und des Wassers, und indem es Sauerstoff ausscheidet, bewirkt es, dass höhere sauerstoffärmere Verbindungen entstehen, am häufigsten Stärke, welche sich im Innern der Chlorophyllkörner ablagert, seltener Zuckerarten und sauerstoffärmere Fette.

Hier zeigt sich die Ueberlegenheit der Pflanzenzelle über die mächtigen unorganischen Verbindungen, indem sie dieselben zersetzt und umbildet. Die Pflanze bedarf zu ihrer Erhaltung dieser einfachen Verbindungen, um die stickstofffreien Gewebe zu bilden, und der salpetersauren- und Ammoniakverbindungen, welche Stickstoff enthalten, zur Bildung und Erhaltung der Eiweisskörper. Die Kohlensäure nehmen ihre grünen Teile unter dem Einfluss des Lichts aus der Luft auf, das Wasser saugen die Wurzeln unter dem Einfluss der Wärme aus dem Boden auf: aus diesen wird es durch die Capillarattraction der Zellen des Stammes emporgetrieben und erhält durch die Wasserverdunstung an der Oberfläche der grünen Teile die Richtung dorthin, indem es zugleich etwas Kohlensäure aus dem Erdboden, besonders aber die Ammoniak- und salpetersauren Verbindungen und einige andere Salze mit sich führt.

Wenn nun die chlorophyllhaltige Zelle die beiden ersteren sehr festen Verbindungen unter Abscheidung von Sauerstoff in losere organische umwandelt, so giebt sie den Atomen dieser Verbindungen einen Teil der Spannkräfte zurück, welche diese durch Umwandlung in lebendige Kraft bei ihrer früheren Vereinigung verloren haben. Da aber die Molekularbewegung in der Zelle allein zur Verrichtung dieser Arbeit nicht ausreicht, so wird dieselbe von aussen her durch die lebendigen Kräfte verstärkt, welche in den mannigfachen Aetherschwingungen des Lichtes ihr zugeführt werden. So wird das Leben der Pflanzen durch die von der Sonne ausgehenden Lichtstrahlen bedingt.

Neben den diese Neubildungen hervorrufenden Molekularbewegungen finden in den Zellen auch die entgegengesetzten statt, welche Zersetzungen herbeiführen, Oxydationen von Kohlenstoff- und Wasserstoffatomen durch festere Verbindung mit solchen des Sauerstoffs. In den chlorophyllhaltigen Zellen wechseln diese Vorgänge mit den erstgenannten ab, in der anderen Gruppe der Zellen, den chlorophyllfreien, geschehen sie fortwährend. Den Sauerstoff entnehmen die Zellen der Atmosphäre, die chlorophyllhaltigen aber nur in der Dunkelheit, die anderen auch unter dem Einfluss des Lichts, und beide scheiden dafür neben Wasser Kohlensäure aus; doch ist die Menge der ausgeschiedenen Kohlensäure nie so gross, als die der aufgenommenen. Während durch die Zersetzung dieser beiden Verbindungen Wärme verbraucht wird, entsteht durch die Bildung derselben wieder Wärme in den Zellen. Diese wird teils nach aussen abgegeben und zur Verdunstung des Wassers verbraucht, teils aber in den Zellen selbst zur Bildung loserer Verbindungen, also zur Erzeugung von Spannkräften, und zur Umwandlung der entstandenen verbraucht. So entstehen aus der Stärke einerseits die Cellulose durch Umgestaltung der Atomgruppen, andererseits die Glykosen durch Zutritt von Sauerstoffatomen, endlich die Fette durch stärkere Entziehung derselben Atome. Wenn aus den Fetten wieder sauerstoffreichere Kohlenhydrate sich bilden, so ist dieses eine mit Sauerstoffaufnahme verbundene Oxydation; setzt diese sich bei den Kohlenhydraten fort, so entstehen aus diesen die Pflanzensäuren, wie Apfel-Wein-Oxalsäure, die niedrigsten organischen Verbindungen, welche nicht, wie die vorher genannten höheren, eine Verwendung als Baustoffe der Pflanze finden.

Den Gegensatz zu diesen letzteren Vorgängen bildet die Erzeugung der höchsten Verbindung in der Pflanze, des stickstoffhaltigen Eiweisses in den chlorophyllfreien Zellen. Es entsteht in dem Protoplasma derselben durch Zusammensetzung aus den schon genannten salpetersauren- und Ammoniakbildungen und einer geringen Menge schwefelsaurer Salze, welche die Pflanze mit dem Wasser des Bodens in sich aufnimmt, und aus Kohlenhydraten. Da die Eiweisskörper weit weniger Sauerstoffatome enthalten, als die letzteren, bei dieser Bildung aber Kohlensäure abgeschieden wird, so finden auch hier Oxydationen statt. Die durch sie frei gewordene Wärme wird zum Teil wieder gebunden, indem sie die Atomgruppen zum Eiweissmolekül vereinigt und so die Spannkräfte der kohlenstoffreicheren Verbindung erzeugt.

In diesen Zellen sind die oben erwähnten beiden Bewegungen der Moleküle am meisten ausgeprägt: die eine nach dem Inneren der Zelle gerichtete bewirkt die Entstehung der am meisten zusammengesetzten Verbindung, die andere, welche nach der Peripherie hin geht, entfernt die durch Zersetzung entstandenen Stoffe aus der Zelle. Aber nicht alle Eiweisskörper bleiben erhalten, einige zerfallen wieder in sauerstoffreichere Alkaloide, neben welchen auch Fett auftritt, und nur in einer kleineren Anzahl Zellen bleibt das Eiweiss bestehen als der vollkommenste Körper, welchen die Pflanze erzeugt.

Diese in den einzelnen Zellen gebildeten Körper werden durch die Bewegung des Wassers allmählich nach anderen Teilen der Pflanze hinübergeführt, entweder um unmittelbar verwendet, oder auch um für den späteren Verbrauch aufgespeichert zu werden, wie in den Früchten, den Wurzelknollen und Zwiebeln. Hiebei bewegen sich die Kohlenhydrate und Pflanzensäuren durch die Parenchymzellen, die Eiweissstoffe und Fette durch die Gefässbündel nach den verschiedensten Richtungen.

So finden in den Zellen der Pflanzen Vorgänge statt, welche denen in den unorganischen Körpern entgegengesetzt sind. Hier suchen sich die Moleküle und in den Molekülen die Atome, wenn sie durch lebendige Kraft von einander getrennt sind und so Spannkraft in ihnen angehäuft ist, einander wieder zu nähern und sich zu verbinden: geschieht dieses, so wird die Spannkraft in eine gleich grosse lebendige Kraft verwandelt; nach der Vereinigung der Atome ist letztere verschwunden und dafür eine entsprechende Menge Wärme frei geworden. Wie schon oben erwähnt ist, streben besonders die Atome des Sauerstoffs, sich mit denen des Kohlenstoffs und des Wasserstoffs zu den festesten Verbindungen zu vereinigen, welche wir kennen, und so entstehen bei jedem Zerfall organischer Körper Kohlensäure und Wasser neben der weniger festen Verbindung des Ammoniaks. Dagegen wird in den chlorophyllhaltigen Zellen die lebendige Kraft, welche durch die Sonnenstrahlen ihnen zugeführt wird, in chemische Spannkräfte übergeführt, indem zusammengesetzte sauerstoffärmere Verbindungen entstehen, die Kohlenhydrate. Aus diesen werden im chlorophyllfreien Protoplasma andere, zum teil noch sauerstoffärmere Körper gebildet, wobei ein Teil der chemischen Spannkräfte durch Oxydationen in lebendige Kraft zurückverwandelt wird. Aber diese letzteren Vorgänge treten in den zusammengesetzten chlorophyllhaltigen Pflanzen gegen die ersteren zurück; und so ist die Pflanze ein Organismus, in dessen Zellen ein beständiger Kampf der höheren chemischen Verbindungen gegen die mächtigen einfachsten stattfindet, wobei von aussen zugeführte lebendige Kraft verschwindet und chemische Spannkräfte angehäuft werden. Bei dieser unmittelbaren Berührung mit den unorganischen Verbindungen erhalten sich die meisten Zellen in den höheren Pflanzen nicht in der Zusammensetzung, welche die Keimzelle zeigt, ein Teil erstarrt, die grössere Zahl zeigt eine Rückbildung, da sie besonders aus stickstofffreien Verbindungen besteht, und nur die kleinere Anzahl ist Träger der höchsten Lebensaufgabe der Pflanze, der Erzeugung der Eiweisskörper.

Die Zellen des Tierkörpers dagegen erfahren nicht eine so verschiedenartige Entwickelung, wie die der Pflanzen. Das Protoplasmaeiweiss verändert in den verschiedenen Zellen nur innerhalb enger Grenzen seine procentische Zusammensetzung, und nur in wenigen Zellen zerfällt es, ähnlich dem Pflanzeneiweiss, in stickstoffhaltige sauerstoffreichere Verbindungen und in sauerstoffärmere, in Fett, von denen die ersteren weitere Oxydationen durchmachen und ausgeschieden werden, das letztere in gewissen Geweben abgelagert wird oder unter Sauerstoffaufnahme vollständig verbrennt. In jungen Zellen scheidet sich zwar eine Membran ab, aber diese bleibt dem Protoplasma chemisch verwandt und bildet nur die äusserste Schicht des Protoplasmas. Auch der Kern erhält sich fast immer und schwindet nicht, wie in der alternden Pflanzenzelle. Der Körper also, welcher in der Pflanze nur in geringerer Menge vorkommt, ist im Tiere der Bestandteil aller Zellen und fast aller aus diesen Zellen hervorgegangenen Gewebe.

Man kann schon aus dieser höheren Zusammensetzung der Bestandteile schliessen, dass die Lebenserscheinungen im tierischen Organismus andere, und zwar höhere sein müssen, als in den Pflanzen. In den Zellen jenes werden nicht Kohlensäure und Wasser in höhere Verbindungen hinübergeführt, wie in den chlorophyllhaltigen der Pflanzen, selbst nicht einmal solche Processe kommen vor, wie in dem chlorophyllfreien Protoplasma, durch welche Eiweiss gebildet wird.

Die Stoffe, welche der Tierkörper zu seiner Erhaltung braucht, sind die von der Pflanze schon erzeugten organischen Verbindungen des Eiweisses, der Kohlenhydrate, der Fette, also solche, zu deren Herstellung schon lebende Kraft in Spannkraft umgewandelt worden ist. Wenn nun die Zelle diese Körper in sich aufnimmt und unter Aufnahme von Sauerstoff zersetzt, so sind die molekularen Bewegungen derselben nicht sehr von denen verschieden, welche in der Zelle selbst vorkommen, und sie können um so leichter in diese umgewandelt werden, so dass das Protoplasma die organischen Verbindungen sich assimiliert.

Hiebei wird durch die Zersetzung dieser aufgenommenen Körper in die einfachen Verbindungen der Kohlensäure, des Wassers und des Ammoniaks einerseits verhindert, dass wichtige Teile der Zelle selbst sich zersetzen, und dass so der Bestand derselben gefährdet wird; andererseits wird durch die Umwandlung der in jenen Verbindungen angehäuften Spannkräfte in lebendige Kraft Wärme erzeugt, diese wird wieder in die molekulare Bewegung zurückverwandelt, welche nötig ist, um statt der verbrauchten Atome neue in die Moleküle des Eiweisses einzufügen.

Je grösser die Kraft ist, mit welcher dieses geschieht, desto kräftiger sind die Bewegungen der kleinsten Teilchen gegen einander und nach dem Inneren der Zelle, und die Folge aller dieser Bewegungen ist die der ganzen Zelle, indem sie sich zusammenzieht und verkleinert. Diese Bewegung wechselt mit der anderen ab, durch welche die zersetzten Bestandteile aus der Zelle entfernt werden und die ganze Zelle ausgedehnt wird.

4

Bei den niedrigsten Tieren, den Moneren, Rhizopoden, Polypen, Quallen, deren Leib aus beweglichem Protoplasma besteht, zeigen sich diese Bewegungen nur in dem Ausstrecken und Einziehen von Protoplasmafortsätzen, welche wie Füsse die Ortsbewegung vermitteln und sich an dem mechanischen Stoffwechsel beteiligen. In den höheren Tieren, in denen die einzelnen Zellen durch Differenzierung besonders gestaltet werden, zeichnet sich eine bestimmte Zahl derselben vor den übrigen durch eine grosse Contractilität aus, die Muskelzellen, und indem diese in zusammenhang mit den anderen Zellen und Geweben bleiben, bewirken sie durch ihre Zusammenziehung und Ausdehnung sowohl einen kräftigeren Umlauf der Ernährungs- und der Blutflüssigkeit, als auch eine Veränderung der Gestalt und eine kräftige Bewegung von einem Orte zum andern.

Durch diese Fähigkeit sich zu bewegen, zeichnet sich das Tier vor der Pflanze aus. Diese ist wegen der Unbeweglichkeit ihrer Zellen an den Boden gefesselt und erhält nur die Nahrungsstoffe, welche ihr durch das Wasser des Bodens, in welchem sie steht, und durch die Luft zugeführt werden, welche beide die Wärme der Sonne in bewegung setzt. Das Tier sucht selbst die Nahrung auf und bewegt sich an den Ort, wo es dieselbe erlangen kann, und selbst niedrigere Tiere, welche im Wasser, an einer Stelle festsitzend, leben, suchen durch Bewegung bestimmter Organe die sich ihnen nähernde Beute in ihre Gewalt zu bringen.

Wie aus der höheren Beschaffenheit der Zelle des Tieres sowohl das Bedürfnis entspringt, organische Stoffe sich zu assimilieren, als auch die Fähigkeit sich zu bewegen, so ist eine Folge derselben auch die ganze Gestalt, im gegensatz zu der der Pflanze. Diese letztere entsteht, indem sich an die Zellen, welche durch die Schwerkraft im Boden festgehalten werden, andere anlagern, unter dem Einfluss des Sonnenlichts in einer Richtung, welche der der Schwerkraft entgegengesetzt ist; und wenn auch alle diese Zellen äusserlich zu einer bestimmten Gestalt, besonders durch die sie durchziehenden Gefässbündel, vereinigt sind, so ist doch jede Zelle ein mehr oder weniger selbstständiges Ganzes, in welchem chemische Vorgänge unabhängig von den anderen stattfinden.

Im Körper der Tiere, besonders der höheren, sind alle Zellen mit einander fest zu einem Ganzen vereint, in welche keine ohne die Tätigkeit der anderen ihre Functionen ausüben kann: und zwar bildet dieser Körper einen Hohlraum zur Aufnahme der Nahrung von aussen; die eine Seite des Körpers ist diesem Raume, die andere der Aussenwelt zugewendet. Die ganze Gestalt aber entwickelt sich aus der befruchteten Keimzelle in anderer Weisse als die der Pflanze.

Es spaltet sich der Kern, nachdem er durch Anziehung das Protoplasma um sich verdichtet hat, in zwei Teile, und um jeden neuen Kern bildet sich dann durch Anhäufung des Protoplasmas eine neue Zelle. Diese teilt sich wieder, und so entsteht durch Fortsetzung dieser Teilung eine Anzahl gleicher, membranloser Zellen, welche zu einer kugelförmigen Gestalt zusammengeballt sind. Aber nicht alle diese Zellen werden zur Bildung des Tieres verwendet, ein Teil dient zu Nahrungsdotter bei der Entwickelung, und nur die Keimzelle der Säugetiere und einiger niedriger Tiere verwandelt sich ganz in Zellen des Bildungsdotters.

Diese gruppieren sich dann so, dass sie eine doppelwandige Blase bilden, deren Hohlraum zum Darm, deren Eingang zur Mundöffnung wird. Bei den höheren Tieren sondert sich auf der dieser Oeffnung entgegengesetzten Seite in der Mitte zwischen den beiden Wänden der Blase, dem äusseren und dem inneren Keimblatte, ein mittleres Blatt ab. Indem sich darauf die blasenförmige Hohlraum immer mehr abschliesst und zugleich die drei Blätter in die Länge wachsen, entwickeln sich aus ihnen die verschiedenen Organe und vollendet sich die Gestalt des Tieres.

Bei den niedrigsten Tieren wird der Körper nur durch das Protoplasma mit einander verschmolzener Zellen gebildet. Bei den nächst höheren jedoch, den Darmlosen, stellt der Körper einen Hohlraum dar, dessen vorderer Teil für die Ernährung, dessen übriger für den Kreislauf bestimmt ist. Die Stachelhäuter haben schon einen vollständigen Verdauungsapparat, in welchem sich Magen und Darm unterscheiden lassen, und ein von dem Verdauungsorgan getrenntes Blutgefässsystem. Der Mund befindet sich noch an der Bauchseite, nur selten an dem vorderen Körperende, und eine Auswurföffnung ist nicht immer vorhanden. Dagegen nimmt der Hohlraum bei einem Teil der Würmer eine andere Gestalt an: er durchzieht meistens in der Längenrichtung den Körper, hat eine Mund- und eine Auswurföffnung, die erstere noch an der Bauchfläche, und neben dem Verdauungsorgan ist ein Blutgefässsystem vorhanden.

Je höher die übrigen Tiere, die Weichtiere, die Gliedertiere und besonders die Wirbeltiere stehen, desto mehr entwickelt sich der Hohlraum zu den verschiedenen Organen des Verdauungsapparates mit der Mund- und der Auswurföffnung, von denen die erstere an dem vorderen, die andere an dem entgegengesetzten Ende des Körpers sich befindet, und desto mehr bilden sich die Organe des Blutumlaufs und der Atmung aus, desto vollkommener sind die aus dem Rumpfe hervorgegangenen Gliedmassen. Die höchste Entwickelung zeigen die Wirbeltiere und an ihrer Spitze der Mensch. Dieses beruht auf der höheren Entwickelung des Nervensystems, welches den übrigen Bestandteilen des Tierkörpers gegenüber eine noch höhere Bedeutung besitzt, als die eiweissbildende Zelle der Pflanze für die übrigen Zellen. Wenn diese Eiweisskörper auch die höchste Stufe der Entwickelung der Pflanze darstellen und, indem sie sich bilden, das Herzuströmen des Pflanzensaftes mit den organischen Bestandteilen in die chlorophyllfreien Zellen veranlassen, so ist ihre Einwirkung auf die übrigen Vorgänge in der Pflanze doch immer nur eine sehr beschränkte: in dieser findet eine Wechselwirkung zwischen den verschiedenen Zellen nur bei unmittelbarer Berührung statt. Im Tierkörper dagegen bewirkt das Nervensystem das Zusammenwirken auch der räumlich von einander getrennten Organe, und alle Lebenserscheinungen finden in ihm ihren beherrschenden Mittelpunkt. Je mehr es entwickelt ist, desto mannigfaltiger und vollkommener sind die Lebenserscheinungen, je weniger, desto tiefer steht das Tier.

Bei den niedrigsten Tieren tritt das Nervensystem in einer sehr einfachen Gestalt auf. Von den Darmlosen zeigen nur einzelne einen einzelnen Nervenknoten; bei den Stachelhäutern erscheint es in der Form eines gewöhnlich fünfseitigen, den Schlund umgebenden Ringes, von dessen Ecken Nervenfäden nach den Organen ausstrahlen. Von den Würmern besitzen die deutlich gegliederten einen Schlundring und eine Ganglienkette am Bauche, bestehend aus einzelnen, durch Fäden verbundenen Ganglien oder Nervenknoten, die anderen nur einfache Nervenknoten. Schon mehr entwickelt ist das Nervensystem bei den nächst höheren Tieren So haben die Weichtiere einen Schlundring mit verschiedenen Ganglien, von denen sich die Nerven nach den verschiedenen Organen abzweigen. Bei den Gliedertieren endlich besteht das Nervensystem aus einer grösseren, auf dem Schlunde aufliegenden Nervenmasse, einem den Schlund umgebenden Ringe und aus der Bauchganglienkette. Letztere verläuft unter dem Darmkanale und besteht aus Paaren von Ganglien, welche durch Nervenfäden mit einander verbunden sind. Durch das vorderste, im Kopfe gelegene Ganglion steht sie in Verbindung mit dem Schlundring und der über dem Schlunde befindlichen Nervenmasse. Von dieser entspringen die Sinnesnerven, aus den Ganglien der Bauchkette die der Muskeln und Eingeweide.

Die höchste Bedeutung hat das Nervensystem für die Wirbeltiere. In diesen tritt es in einer immer vollkommneren Gestalt auf und beeinflusst schon am Anfange durch seine Entwickelung aus dem Keime die der übrigen Organe und der ganzen Gestalt der Tiere. Was sich zuerst aus dem äusseren Keimblatte absondert und die Gestaltung des Tieres bedingt, ist ein dunkler Streifen, welcher das Keimblatt in zwei symmetrische Längshälften trennt und als Primitivstreifen die Axe des künftigen Körpers bezeichnet, wo das zuerst gebildete unter den Centralorganen, das Rückenmark auftritt. Dieses zeigt sich zuerst als offene Rinne. Indem diese in die Länge wächst, bewirkt sie die erste äussere Veränderung des Keims, dessen runde Form in die ovale übergeht. Indem sich in dieser Längenachse das Rückenmark entwickelt, wächst der vordere Teil zu drei Blasen aus, den Anlagen der drei ursprünglichen Teile des Gehirns. Aus demselben Keimblatt entwickelt sich die äussere Haut und die Anlage der höheren Sinne, aus dem inneren Keimblatt dagegen der Verdauungsapparat: das Epbitel und die Drüsen des Darmes.

Schon am Anfange entwickelt sich aus dem äusseren Keimblatt das mittlere. Dieses bleibt in der Axe des äusseren Keimblattes mit diesem verbunden, sondert sich aber zu beiden Seiten der Axe in zwei Platten, von denen die obere zur Anlage der animalen Muskeln wird, derjenigen, welche der willkürlichen Bewegung dienen, die untere die Anlage der glatten Muskeln der Eingeweide bildet. Zugleich buchten sich die Keimblätter zu beiden Seiten des Rückenmarks gegen einander hin aus und bilden eine gegen die Höhle der Keimblase offene Rinne. Während sich dann am vorderen Ende der Kopf und in den folgenden Teilen zu beiden Seiten der Längsachse aus der äusseren Wandung die Extremitäten entwickeln, schliesst sich jene Rinne allmählich und bildet nun den Darm. Die beiden Platten aber des mittleren Keimblattes schliessen zwischen sich die enge Leibeshöhle ein:

So sondern sich zuerst die Nervenzellen aus den ursprünglich gleichen Bildungszellen und sammeln sich in dem Strange des Rückenmarks und an dessen vorderem Ende zu den grösseren Gruppen des Gehirns an, so dass sie sich auch räumlich von den übrigen Organen trennen. Einzelne Nervenzellen indessen bleiben als Ganglien in Verbindung mit den anderen Geweben, mit denen zugleich sie sich aus der ursprünglichen Anlage entwickelt haben. Dieses sind die Eingeweide- und Gefässganglien, deren Hauptstamm die beiden Zweige des Sympathicus zu beiden Seiten der Wirbelsäule bilden. Diese Ganglien werden mit einander durch Nervenfasern, welche durch Verschmelzung von Zellen entstanden sind, verbunden, so dass sie mannigfache Geflechte bilden, welche die Blutgefässe und die Eingeweide begleiten. Durch andere Fasern wird die Verbindung zwischen den centralen Nervenmassen und diesen Geflechten hergestellt, und andere gehen aus den centralen Massen zu den unter dem Einfluss derselben entstandenen Sinneswerkzeugen oder zu den Muskel- und Drüsenzellen, so dass alle Teile des Nervensystems und durch sie des Körpers mit einander in Verbindung stehen.

Nachdem die Nervenzellen durch ihre Entwickelung den Anstoss zur Differenzierung der Bildungszellen gegeben haben, entwickeln sich diese in der mannigfachsten Weise. Ein Teil lagert sich an einander und bildet das Drüsen- und das Oberhautgewebe, welches eigentlich ein in der Fläche ausgebreitetes Drüsengewebe ist. Ein anderer Teil wächst, ähnlich den Prosenchymzellen des Holzes, in längliche Formen aus, zu den Muskelzellen, welche die Organe der willkürlichen und unwillkürlichen Bewegungen bilden. Durch Aneinanderreihen einzelner Zellen entstehen, ähnlich wie die Nervenfasern, nach dem Schwinden der Zwischenwände die Haargefässe, innerhalb welcher die Blutflüssigkeit in alle Gewebe dringt.

Zuletzt entwickeln sich die Gewebe der Intercellularsubstanz aus gewissen Zellen, welche den anderen gegenüber eine Art von Rückbildung zeigen. Diese Intercellularsubstanz entsteht durch massenhafte Vermehrung des Protoplasmas, welches sich chemisch verwandelt, ist zuerst homogen und weich, wird aber später fester, und indem es oft in Fasern zerfällt, wird es zur Bindesubstanz, aus welcher das Bindegewebe, die Sehnen und Bänder und die Hüllen der übrigen Gewebe bestehen. Die Zellen verschwinden meistens so weit, dass nur noch der Kern übrig bleibt, in anderen lagert sich Fett ab, welches durch eine Zersetzung des Protoplasmas entsteht. Aus ähnlicher Intercellularsubstanz bildet sich ferner das Knorpelgewebe, aus diesem entsteht durch Umbildung und Aufnahme besonders phosphorsauren Kalkes das Gewebe der Knochen.

Die Ueberlegenheit des Nervensystems über die übrigen Teile des Körpers entspringt aus seiner chemischen Beschaffenheit. Die chemischen Bestandteile sind bisher nur unvollständig erkannt, doch unterscheiden wir als einen in bedeutender Menge auftretenden Stoff einen Eiweisskörper. Neben diesem kommen sehr kohlenstoffreiche Körper vor, so besonders das Lecithin, ein sehr zusammengesetzter Körper, gebildet aus den Grundbestandteilen von Fettsäuren, der Phosphorsäure und des in den meisten tierischen Fetten enthaltenen Glycerins und verbunden mit dem stickstoffhaltigen Neurin. Wegen des hohen Kohlenstoff- und Wasserstoffgehaltes ist in dem Lecithin eine grosse Menge angehäufter Spannkraft, also ein hoher Verbrennungswert enthalten, und wegen seiner zusammengesetzten Beschaffenheit zeichnet es sich durch leichte Zersetzbarkeit aus. Ein anderer, noch wenig bekannter Körper ist das Cerebrin, welches, da es sich beim Kochen mit Säuren in eine Zuckerart und andere unbekannte Zersetzungsprodukte spaltet, zu den stickstoffhaltigen Glycosiden zu rechnen ist. Endlich kommt das Cholesterin, ein fester Alkohol von hohem Kohlenstoffgehalt, in ziemlich grosser Menge vor. Auch in diesen beiden letzten Körpern ist eine bedeutende Spannkraft angehäuft, doch sind sie nicht so leicht zersetzbar, wie das Lecithin. Wenn nun schon jeder dieser Körper eine sehr zusammengesetzte chemische Verbindung darstellt, so zeigt das aus allen diesen Körpern gebildete Molekül eine so zusammengesetzte Beschaffenheit und wegen dieser eine so grosse Menge angehäufter Spannkraft, wie sie bei keinem anderen Körper mehr gefunden wird.

Wir nehmen in folgendem am zweckmässigsten auf das Nervensystem des Menschen bezug, weil dieses am meisten entwickelt ist. Hier haben wir die Nervenzellen von den Nervenfasern zu unterscheiden. Die ersteren sind bald runde, bald mehreckige Protoplasmassen von der verschiedensten Grösse mit einem Kern ohne Membran in den Nervencentren, wo sie in eine bindegewebartige Substanz, den Nervenkitt, eingebettet sind. Charakteristisch ist für sie der Reichtum an Pigmentkörnern, wodurch sie ein dunkleres Aussehn erhalten und sich von den helleren Nervenfasern unterscheiden. Sie bilden den vorderen und hinteren Strang in der rechten und linken Hälfte des Rückenmarks, sowie die Kerne im verlängerten Mark, in den Vier- und in den Sehhügeln und in den an diese sich anschliessenden Gruppen des Streifenhügels, des Linsenkerns, der Vormauer u. a., endlich die Rinde des kleinen und grossen Gehirns, von welchen sich das erstere aus dem verlängerten Marke, das letztere aus dem Zwischenhirn und dem Sehhügeln entwickelt hat. Ausserdem bestehen die Ganglien des Sympathicus und der vegetativen Geflechte aus ihnen, und diese besitzen eine Hülle aus Bindesubstanz. In diesen Nervenzellen scheint der Kern aus dem am meisten zusammengesetzten Eiweisskörper, dem phosphorsauren Nuclein zu bestehen, während in dem Protoplasma eiweissähnliche Stoffe mit Lecithin und dessen Begleitern gemischt sind.

Von den Zellen gehen die Nervenfasern nach den verschiedenen Organen. Der allein wesentliche Bestandteil derselben ist der central gelegene Axencylinder. Diesen umgiebt eine Substanz, welche sich erst deutlich nach dem Tode ausscheidet, die Markscheide, und diese wieder, wo die Faser nicht von dem Nervenkitt umgeben ist, die aus Bindesubstanz bestehende Schwann'sche Primitivscheide. Die Fasern sind durch Verschmelzung von Nervenzellen entstanden, während diese Zellen sich sonst in den Centralmassen und in den Geflechten selbständig und von einander getrennt erhalten: sie sind also als eine Art von Rückbildung der Nervenzellenmasse zu betrachten; doch nimmt man auch im Axenfaden die allgemeinen Kennzeichen der Eiweissstoffe wahr, in der Markscheide dagegen ein Gemenge von Lecithin und Cerebrin.

Wir haben gesehen, dass die Nervenzelle sich aus den Bildungszellen des Keims zuerst absonderten, also die stärkste Bewegung in den Molekülen zeigten, und dass diese auch die Absonderung der übrigen Zellen beeinflusste. Woher diese molekulare Bewegung entspringt, können wir um so leichter ersehen, da wir die höchst zusammengesetzte Beschaffenheit der Moleküle kennen. Bei ihrer Bildung wird eine sehr grosse Menge von Spannkraft angehäuft, also eine grosse Menge lebendiger Kraft verbraucht, um die Atome in den Atomgruppen in eine mannigfaltige Bewegung zu versetzen, ganz entgegengesetzt der einfachen der sich zu Kohlensäure, Wasser und Ammoniak vereinigenden

Atome, und jene mannigfachen Bewegungen werden mit grosser Kraft ausgeführt, da die Zellen sich in ihrem Bestande nicht nur erhalten, sondern während der Entwickelung des Körpers auch andere erzeugen, so dass die Centralmassen, besonders des Gehirns, sich beständig vergrössern. Dieses geschieht, indem der Nervenmasse durch das Blut beständig höher organisierte Nahrungsstoffe und Sauerstoff zugeführt werden. Unter gleichzeitiger Verbindung einzelner Atome mit dem letzteren werden jene um so leichter in die chemische Zusammensetzung der Nervenmasse übergeführt und diese dadurch erhalten und neu gebildet, während das Auftreten des Lecithins und der anderen kohlenstoffreichen Körper im Protoplasma der Zelle und in der Markscheide der Nervenfaser als ein auf einer Spaltung beruhender Vorgang zu betrachten ist.

Diese Ueberlegenheit der molekularen Bewegung in den Nervenzellen über die in den anderen Bestandteilen des Organismus zeigt sich nicht nur in der Entwickelung derselben, sondern auch später fortwährend durch die Beherrschung aller Lebenserscheinungen, welche in den Organen stattfinden. Durch die Nervenfasern wird diese kräftigere Bewegung aus den Nervenzellen in die Drüsen und Muskeln fortgepflanzt und erhält und verstärkt hier die diesen eigentümlichen molekularen Bewegungen. Daher nimmt unter dem Einfluss der Nervenbewegung die Drüse energischer neue Stoffe auf und sondert andere ab, zieht sich kräftiger der Muskel zusammen und ruft so die Bewegung der vegetativen Organe, der Gliedmassen, des ganzen Körpers hervor. Und selbst in den Bindegeweben und den durch sie gebildeten Organen ruft die Nervenfaser, welche in ihnen endigt, einen regelregelmässigeren Stoffwechsel hervor.

Dieser Zusammenhang zwischen den einzelnen Organen und den Nervencentren wird durch andere Fasern vervollständigt, welche gewissermassen die molekulare Bewegung in den Bestandteilen der Organe auf die Centren übertragen und so die Bewegung in diesen zu beeinflussen streben. Die letztere ist aber die stärkere und beherrscht, indem sie durch die früher erwähnten Fasern auf die Zellen der Organe übergeht, die Vorgänge in letzteren. So findet auch hier ein beständiger Kampf zwischen den molekularen Bewegungen in den verschiedenen Zellen statt, und den Sieg tragen die am meisten entwickelten in den Nervencentren davon.

Unter diesen Centren werden hier zunächst die Ganglien der Eingeweidenerven verstanden. Diese stehen durch Nervenfasern mit dem höheren Centrum des Rückenmarks und durch dieses und zum teil durch andere Nerven mit dem höchsten, dem Gehirn, in zusammenhang. Je mehr diese höheren Centren entwickelt sind, desto kräftiger ist die Herrschaft des Nervensystems über die übrigen Organe, durch welche die Aufnahme der zur Erhaltung notwendigen Stoffe, ihre Assimilierung und Verteilung durch die Bewegung des Blutes und die Ausscheidung der verbrauchten stattfindet. Aber alle diese Vorgänge werden von uns nicht wahrgenommen, obgleich sie in unserem Körper unter dem beständigen Einfluss des Nervensystems stattfinden. Wir fühlen nicht, wie die aufgenommenen Nahrungsmittel im Magen und im Darm umgewandelt, wie sie resorbiert und in die Blutgefässe übergeführt werden, wir fühlen nicht, wie die einzelnen Bestandteile von den Organen aufgenommen und andere verbrauchte entfernt werden. Denn die hierbei stattfindenden Bewegungen der kleinsten Teilchen sind den in den Nervenzellen vorkommenden so weit ähnlich, dass ein Unterschied zwischen beiden für uns nicht hervortritt.

Treffen dagegen andere molekulare Bewegungen, die von der Sonne ausgehenden gleichmässigen Schwingungen des Aethers Organe unseres Körpers, welche eine für ihre Aufnahme geeignete Beschaffenheit haben, und gelangen sie so zu Nervenfasern, so empfinden wir diese Erregung, und zwar nach der verschiedenen Anzahl der Schwingungen in 1 Sek. auf eine verschiedene Weise. Betragen sie weniger als 400 Billionen, so erregen sie die Nervenendungen in unserer Haut, und wir haben die Empfindung der Wärme; übersteigt die Zahl der Schwingungen 400 Billionen in 1 Sek., so erregen sie, durch das Auge sich bis zur Netzhaut fortpflanzend, die Sehnerven, und wir empfinden

Licht, rotes, wenn 400—470, violettes, wenn 760—800 Billionen Schwingungen stattfinden, die anderen Farben je nach der Zahl innerhalb dieser Grenzen. Diese Schwingungen sind so einfache, wenn auch sehr schnelle, Bewegungen der Aethermoleküle, dass sie bedeutend von den sehr zusammengesetzten in den Nervenfasern und Nervenzellen abweichen. Treten sie in die letzteren ein, so suchen sie durch ihr grosse lebendige Kraft die molekularen Bewegungen in denselben zu ändern, werden aber von diesen wegen ihrer Beschaffenheit überwunden und abgeändert, und die aus beiden resultierende Bewegung in der Nervenzelle wird von uns empfunden, und diese Empfindungen werden nach der Anzahl der in den Nervenzellen vernichteten Aetherschwingungen unterschieden.

In ähnlicher Weise werden die gleichmässigen, aber einfachen Schwingungen der Luftmoleküle, wenn sie zwischen 30 und 38000 in 1 Sek. betragen und durch das Ohr bis zu den Gehörnerven dringen, durch die molekularen Bewegungen in diesen und in den mit ihnen in verbindung stehenden Zellen umgewandelt und dadurch die Empfindung des Tones hervorgerufen, welche sich, ähnlich wie die des Lichts, nach der Anzahl der Schwingungen in 1 Sek. in die der verschiedenen Töne abstuft. Auf eine ähnliche Ursache sind die Empfindungen zurückzuführen, welche wir haben, wenn ein fester, flüssiger oder auch luftförmiger Körper mit einer gewissen Kraft unsere Haut berührt, auf eine ähnliche die Geruchsempfindungen, wenn gasförmige Riechstoffe die Riechnerven erregen, die Geschmacksempfindungen, wenn die Geschmacksnerven durch tropfbar flüssige, gewöhnlich organische, Körper gereizt werden.

Wir haben zwischen den Zellen der kleineren Centren zu unterscheiden, aus welchen die Sinnesnerven entspringen und den der Grosshirnrinde. In den ersteren werden die von aussen herzugeführten molekularen Bewegungen zwar umgewandelt, aber die dadurch entstandene Bewegung gewöhnlich durch andere Nervenfasern in Muskelzellen derselben Sinnesorgane zurückgeleitet, um durch Zusammenziehung der Zellen den Sinnesreizen entsprechende Bewegungen zu bewirken, wie wir dieses bei den Muskeln der Augen wahrnehmen. Das Schliessen der Augenlider findet bei starkem Lichtreize ohne unseren Willen statt und ohne eine Empfindung hervorzurufen.

Diese entsteht erst in Zellen der Grosshirnrinde, wenn jene durch die Sinneseindrücke hervorgerufenen molekularen Bewegungen aus den Ursprungscentren der Sinnesnerven dorthin übertragen sind. Diese Zellen der Grosshirnrinde stehen mit den anderen Organen nicht unmittelbar in verbindung, sondern nehmen eine beherrschende Stellung über den Centren der Sinnes- und Bewegungsnerven ein. In ihnen ist die grösste Summe von Spannkraft angehäuft, und die den Nervenzellen eigentümlichen molekularen Bewegungen zeigen sich in ihnen am mächtigsten, so dass sie am leichtesten andere, von aussen herzugeleitete Bewegungen überwinden und umwandeln, durch welchen Vorgang die Empfindung entsteht. Die in der Empfindung hervortretende Bewegung wird durch andere Nervenfasern in bestimmte Muskeln geleitet und bewirkt durch deren Zusammenziehung die willkürlichen Bewegungen, besonders des Kopfes, der Arme und der Beine, so dass wir die verschiedensten Bewegungen ausführen können.

Während so in dem Gehirne einerseits beständig die chemischen Vorgänge der Ernährung stattfinden, werden andererseits in demselben Organe durch die Sinneseindrücke Empfindungen hervorgerufen und dadurch Vorstellungen erweckt, und aus diesen entspringen willkürliche Bewegungen, um bestimmte Handlungen auszuführen. Die Vorstellungen bilden die Elemente unserer geistigen Tätigkeit: wir ordnen sie, verbinden sie mit einander, fassen sie unter anderen zusammen und suchen so die Vorgänge in uns und ausserhalb unser zu erkennen.

So vermögen wir die Vorgänge, welche die Elemente unserer geistigen Thätigkeit bilden, zugleich mit den Erscheinungen, welche die Objecte dieser sind, unter einem einheitlichen Gesichtspunkte zu übersehen. Wir erkennen, dass jene Vorgänge aus der Beschaffenheit des Nervensystems entspringen, eines Organs, welches, wie die übrigen unseres Körpers, aus Bestandteilen gebildet wird, aus welchen auch andere Organismen zusammengesetzt sind. Die Stoffe, aus welchen diese Elementarorganismen bestehen, sind dieselben, wie in der unorganischen Natur, aber ihre kleinsten Teilchen sind in anderer Weise mit einander vereinigt, als in den unorganischen Körpern. Daher besteht ein Gegensatz zwischen den Erscheinungen in den einen und den in den anderen, aber alle können auf dieselben einfachsten Bewegungen zurückgeführt werden, welchen wir überall auf der Erde begegnen, und welche wir nicht nur auf dieser erkennen, sondern auch auf fernen Weltkörpern wahrnehmen.

Wir haben hier die Grundlagen, auf welchen unsere geistige Tätigkeit stattfindet, wenn auch so kurz als es nur möglich war, darstellen zu müssen geglaubt, damit wir durch Vergleichung erkennen, wie eng begrenzt und daher unzulänglich diejenigen sind, auf welchen Kant seine Untersuchung angestellt hat, und wie daraus die Mängel der Erkenntnislehre dieses Philosophen entspringen. Kant stützt sich allein auf die Geometrie als die Lehre vom Raume und auf die Lehre von der Bewegung der Massen. Nur in diesen beiden Wissenschaften hatte man Ursachen erkannt, welche für die Erscheinungen, welche die Gegenstände jener sind, allgemein gültig waren, und nur in der Geometrie oder, im erweiterten Sinne, in der reinen Mathematik und in der Lehre von der Bewegung konnte man Grundsätze aufstellen, aus welchen die Lehrsätze abgeleitet wurden, also Sätze von allgemeiner und darum für Kant notwendiger Gültigkeit. Die übrigen Erscheinungen traten Kant noch in einer Mannigfaltigkeit entgegen, welche durch kein gemeinsames Band zu einem einheitlichen Ganzen vereinigt wurde. Die Organismen der Tiere und Pflanzen erschienen als Wesen ganz besonderer Art, aus anderen Bestandteilen, als die unorganischen Körper, und durch Kräfte hervorgebracht und lebend erhalten, welche von den in der unorganischen Natur wirksamen vollständig verschieden waren. Und auch von den Erscheinungen in dieser wurden jede für sich und ohne Zusammenhang mit den anderen betrachtet. Das Licht galt als ein besonderer Stoff, ebenso die Wärme; die Erscheinungen der Electricität, des Magnetismus, der chemischen Verwandtschaft wurden auf besondere, von einander verschiedene Ursachen zurückgeführt.

Dieser Mannigfaltigkeit der Dinge gegenüber, welche Kant noch nicht aus einer gemeinsamen Ursache abzuleiten vermochte, erschienen die Aeusserungen unserer geistigen Tätigkeit in unserem Bewusstsein aus einer gemeinsamen Quelle zu entspringen. Diese Erscheinungen behandelte Kant unter den Gesichtspunkten der Logik, einer schulmässig überlieferten Wissenschaft, welche sich bei einer noch geringeren Kenntnis der Erscheinungen, als er selbst besass, entwickelt hatte, und indem er sich auf sie stützte, gab er weniger eine Erklärung des Wesens als eine Classification dieser Erscheinungen.

Weil Kant aber alle Erscheinungen unter einem einheitlichen Gesichtspunkte zu betrachten suchte, dieses aber nur bei den Gegenständen der Geometrie und der Lehre von der Bewegung vermochte, so legte er den Grundsätzen derselben unwillkürlich eine höhere Bedeutung bei und sah in ihnen, obgleich sie durch dieselbe geistige Tätigkeit, wie andere Kenntnisse gewonnen werden, unmittelbare Aeusserungen jener ihm unbekannten geistigen Kraft, durch welche wir erkennen. So machte er einen Unterschied zwischen a posteriori und a priori, ohne zu bemerken, dass dieser nur auf äussere Merkmale sich stützte und durch die damalige Entwickelung der Wissenschaften bedingt wurde. Aus diesem Fehler entspringen die Mängel seiner Erkenntnislehre, wie im nächsten Teile dargelegt werden wird.

G. Krause.

Kant's Erkenntnislehre

als Grundlage unserer Erkenntnis.

Wissenschaftliche Beilage

des

Programmes des Königlichen Gymnasiums zu Marienwerder.

Ostern 1882.

Marienwerder 1882.

Gedruckt in der Hofbuchdruckerei von R. Kanter.

Progr. No. 33.

Kant's Erkenntnislehre

als Grundlage unserer Erkenntnis.

~~~~~~

Zweiter Teil.

Im ersten Teile habe ich gezeigt, wie wir sowohl die Dinge und Erscheinungen in der unorganischen Natur als auch in den Organismen unter einem einheitlichen Gesichtspunkte zu betrachten vermögen. In beiden sind die Bewegungen der Moleküle des Weltäthers und die entgegengesetzten der Moleküle der irdischen Stoffe die Ursache ihres Aggregatzustandes und der übrigen Erscheinungen an ihnen, ferner die Bewegungen der Atome innerhalb der Moleküle der verschiedenen Stoffe die Ursache der chemischen Veränderungen und der daraus entspringenden Erscheinungen.

Aber darin unterscheiden sich organische von unorganischen Körpern, dass die Moleküle der ersteren aus einer grösseren Anzahl verschiedenartiger Atome gebildet werden und zu sehr zusammengesetzten Gruppen sich vereinigen, welche in der mannigfaltigsten Weise zusammentreten, also sehr zusammengesetzte Bewegungen haben müssen, deren Gesammterfolg die Erhaltung des Grundbestandteils jedes organischen Wesens, der Zelle, ist. Ich habe ferner gezeigt, welche Bedeutung die Zelle für den ganzen Organismus hat, wie sich Pflanzen und Tiere, und so auch der Mensch, aus einer Zelle entwickeln, und wie die molekularen Bewegungen und Veränderungen in den Zellen alle Lebenserscheinungen in jenen hervorrufen.

Da ein Gegensatz zwischen den organischen und unorganischen Körpern besteht, so suchen die einfachen molekularen Bewegungen in letzteren die sehr zusammengesetzten in den Grundbestandteilen der Organismen zu vereinfachen, und diese wieder die auf sie eindringenden, oft sehr kräftigen molekularen Bewegungen der unorganischen Körper zu überwältigen und umzuwandeln, so dass ein beständiger Kampf zwischen beiden Arten der molekularen Bewegungen stattfindet.

Je mehr zusammengesetzt nun die Moleküle und die von diesen gebildeten Organe im Tiere oder in der Pflanze sind, desto leichter überwinden sie die Einwirkungen der unorganischen Körper. Die höchste Zusammensetzung besitzen die Nervenzellen im Körper der Tiere; daher wirken die molekularen Bewegungen in denselben auch auf die in allen übrigen Zellen ein, und zwar um so kräftiger, je grösser ihre Zahl ist. Am deutlichsten zeigt sich dieses in den Wirbeltieren, in denen

1*

die Nervenzellen zu den grösseren Gruppen des Rückenmarks und des Gehirns vereinigt sind, deren Tätigkeit die aller übrigen Organe beherrscht. Im Gehirn wiederum haben nicht alle Zellen dieselbe Bedeutung: die des grossen Gehirns übertreffen die der anderen Teile des Gehirns an Einfluss und Kraft. Daher je zahlreicher sie sind, desto höher steht das Tier. Am höchsten aber steht der Mensch, hoch über dem am meisten entwickelten Tiere, denn bei ihm überragt das grosse Gehirn durch die Zahl seiner Zellen und durch seine Entwickelung weit alle übrigen Teile des Gehirns.

Bestimmte anatomische und physiologische Tatsachen zwingen uns das grosse Gehirn als das Organ unserer geistigen Tätigkeit anzusehen. Diese findet unter der gleichzeitigen Einwirkung beider Arten der vorhin erwähnten Molekularbewegungen statt. Einerseits werden die Zellen des grossen Gehirns. wie auch alle übrigen Zellen, in ihrem Bestande durch beständigen Zutritt neuer Moleküle erhalten, die ihnen durch das Blut in den feinen Haargefässen zugeführt werden. Es sind dieses organische Verbindungen, also schon von einer zusammengesetzten, der der Nervenzellen ähnlichen Beschaffenheit, und sie können daher leicht von diesen aufgenommen und in die höhere Zusammensetzung hinübergeführt werden, während die Zersetzungsprodukte aus den Zellen durch andere Haargefässe fortgeleitet werden. Andererseits aber treffen die einfachen, aber sehr kräftigen Molekularbewegungen der unorganischen Körper, wie Licht, Wärme, auf die Sinnesorgane, werden aber hier durch die zusammengesetzten Molekularbewegungen umgewandelt, und die so resultierende Bewegung wird durch die niederen Gehirncentren hin in das grosse Gehirn geleitet und kommt hier als Vorstellung eines sinnlichen Eindrucks zum Bewusstsein. Diese so durch äussere Einwirkung erhaltenen Vorstellungen bilden das Material der geistigen Tätigkeit, welche im grossen Gehirn durch Vorgänge hervorgerufen wird, deren Wesen und Ursachen noch nicht erforscht sind.

Alle die Tatsachen, auf welche diese Betrachtungen sich stützen, sind nach dem Zeitalter Kant's, in den letzten fünfzig Jahren durch fortgesetzte Beobachtungen der uns umgebenden Natur wie des Menschen selbst von hervorragenden Forschern gefunden. Durch die einzelnen auf jene gerichteten sinnlichen Wahrnehmungen erkannten jene Forscher zunächst die Umstände und Bedingungen, unter denen eine Erscheinung stattfindet. Indem sie dann den umgekehrten Weg einschlugen und willkürlich die Bedingungen änderten, fanden sie in derjenigen, durch deren Veränderung auch die Erscheinung selbst verändert wurde, die Ursache derselben und durch die Bestimmung der Grösse dieser Abänderungen das Gesetz für die Erscheinung. Mehrere solcher Erscheinungen wurden dann wieder als von einer gemeinsamen höheren Ursache abhängig erkannt. und so stieg man empor bis zu Grundsätzen. aus denen man wieder die einzelnen Erscheinungen ableiten und durch Versuche beweisen konnte. So verfuhr man bei den Vorgängen in der unorganischen Natur, wie bei den Lebenserscheinungen der Pflanzen und Tiere. Und dieses ist das Verfahren. welches auch Kant in der Vorrede zur zweiten Ausgabe seiner „Kritik der reinen Vernunft" vom Jahre 1787 als das Muster wissenschaftlicher Untersuchungen hinstellt. Denn „als Galilei seine Kugeln die schiefe Fläche mit einer von ihm selbst gewählten Schwere herabrollen oder Torricelli die Luft ein Gewicht, was er sich zum voraus dem einer ihm bekannten Wassersäule gleich gedacht hatte, tragen liess", da begriffen die Naturforscher, „dass die Vernunft nur das einsieht, was sie selbst nach ihrem Entwurfe hervorbringt. dass sie mit Principien ihrer Urteile nach beständigen Gesetzen vorangehen und die Natur nötigen müsse auf ihre Fragen zu antworten".

Durch solche mit einander verbundenen Beobachtungen und Versuche wurden neue Vorstellungen und Begriffe gewonnen, die dann ihren Einfluss auf bisher bestehende ausübten. So entstanden durch die Aufstellung der mechanischen Wärmetheorie ganz neue Begriffe von dem Wesen der Wärme und des Lichts und von der inneren Beschaffenheit der Körper, so erlangte man durch die Spectralanalyse eine ganz neue Vorstellung von dem Zustande, in welchem sich die Sonne und andere Gestirne befinden, und durch die Untersuchung der verschiedenen Erdschichten eine solche von der Entwickelung unseres Planeten.

Auch die sinnliche Wahrnehmung selbst wurde entwickelt. Das wichtigste Organ für dieselbe ist das Auge: durch dieses erhalten wir die zahlreichsten und sichersten Eindrücke von der uns umgebenden Welt, aber seine Empfindlichkeit reicht nicht über eine gewisse Grenze hinaus, und die von einem Punkte sich verbreitenden Lichtstrahlen, welche jene Grenze nicht erreichen, können nicht mehr empfunden werden. Daher muss als Hülfsmittel das Mikroscop angewendet werden, durch welches auch die schwächsten Lichtstrahlen gesammelt und in das Auge geleitet werden, so dass dieses sie empfindet. Erst durch dieses Instrument, dessen Anwendung zur Zeit Kant's noch nicht bekannt war, haben wir die wirkliche Bestandteile der Organismen erkennen können, die Zellen, ihre Grösse, Gestalt, Beschaffenheit und die Veränderungen derselben, durch welche die verschiedenen Organe hervorgehen. Wer durch das Mikroscop einen solchen Einblick in die wirkliche Beschaffenheit der Organismen erhalten hat, der betrachtet sie auch nachher mit unbewaffnetem Auge in ganz anderer Weise als der, welcher sie nur durch unmittelbare sinnliche Wahrnehmung erkennt.

Aus allem, was bisher gesagt ist, ersehen wir erstens, dass unsere Erkenntnis ein Produkt der Erfahrung, d. h. der fortgesetzten, auf die Dinge und Erscheinungen gerichteten sinnlichen Wahrnehmung und der Vereinigung der dadurch gewonnenen Vorstellungen in höheren Begriffen ist, von denen man wieder zu anderen emporsteigt, so dass also unsere Erkenntnis nie eine vollständige und unbedingte sein kann, sondern sich beständig ändert und erweitert. Zweitens sehen wir, dass die Dinge und Erscheinungen, welche die Objekte dieser Erkenntnis sind, auf einen inneren Zusammenhang und eine Zusammengehörigkeit hinweisen, die nicht in unserem Erkenntnisvermögen selbst begründet ist.

Wir haben also, wenn wir untersuchen, wie und was wir erkennen, gleichmässig beide, die Dinge und Erscheinungen, wie die Vorgänge unserer geistigen Tätigkeit, sowie auch die gegenseitige Einwirkung auf einander zu berücksichtigen und beide als Teile eines Ganzen zu betrachten.

Freilich kann dieses immer nur durch Vorstellungen und Begriffe geschehen, welche die Formen unseres Denkens bilden, und die besondere Schwierigkeit der Untersuchung besteht daher darin, dass wir unser Denken durch unser Denken selbst und unsere Begriffe von Gegenständen durch Begriffe erklären müssen, während sonst ein Gegenstand nicht durch sich selbst erklärt wird, sondern dadurch, dass man ihn als Teil einem höheren Ganzen unterordnet. Aber daraus folgt eben für uns die Notwendigkeit, jeder Vorstellung und jedem Begriffe den entsprechenden Gegenstand oder die Erscheinung gegenüberzustellen und den ursächlichen Zusammenhang zwischen beiden zu untersuchen.

Dies geschieht bei der sinnlichen Wahrnehmung. Die Vorstellung, die wir durch sie erhalten, ist die einer von aussen auf uns einwirkenden Ursache. Wenn wir dann diesen Vorgang in seine Elemente zerlegen, so gelangen wir zu neuen Vorstellungen und Begriffen sowohl von der Beschaffenheit der von aussen einwirkenden Ursachen als auch von der unserer Organe und von den einzelnen Vorgängen in ihnen. Sie sind schon im ersten Teile entwickelt, und sie befähigen uns die Vorgänge in uns und ausserhalb uns unter einem einheitlichen Gesichtspunkte zu betrachten.

Es ist dieses ein Vorzug, dessen wir uns Kant gegenüber als einer Folge der fortgesetzten wissenschaftlichen Forschung erfreuen. Kant vermochte weder die Erscheinungen in der unorganischen

— 4 —

Natur noch die in den Organismen auf eine gemeinsame Ursache zurückzuführen, geschweige denn beide zusammen unter einem Gesichtspunkte zu betrachten.

Für ihn waren noch Licht und Wärme besondere, von einander verschiedene, feine, unwägbare Stoffe, die alle Körper durchdrangen. Ebenso wenig bestand zwischen der Wärme und der Bewegung der Körper ein Zusammenhang, und für die Beschaffenheit der letzteren, für ihre Aggregatzustände gab es nur eine unvollkommene Erklärung. Noch weniger wusste man von der Natur der chemischen Verbindungen, da überhaupt erst wenige bekannt waren; und auch von der Entwickelung unseres Erdballs, wie von der Beschaffenheit der Weltkörper hatte man keine Vorstellung.

Das einzige, was man unter einem Gesetze zu begreifen vermochte, war die Bewegung der Weltkörper und die der Körper auf unserer Erde im freien Falle. Und doch hielt Kant die Schwere für keine allgemeine Eigenschaft der Körper und sah ihren Begriff nicht als notwendig verbunden mit dem eines Körpers an, wie er denn in der Einleitung zu der „Kritik der reinen Vernunft" den Satz: ein Körper ist schwer, als ein synthetisches Urteil a posteriori bezeichnet, dessen Prädikat durch Erfahrung gewonnen ist, während der Satz: ein Körper ist ausgedehnt, a priori feststeht. Ausser jenem Gesetze von der Bewegung der Körper erwiesen sich nur noch die Sätze der Geometrie und der Arithmetik als Grundsätze, die nicht weiter abgeleitet werden konnten und eine allgemeine Bedeutung besassen.

Noch weniger als von den Erscheinungen in der unorganischen Natur wusste man zu Kant's Zeit etwas von der Beschaffenheit der Pflanzen, der Tiere und des Menschen oder vermochte die Lebenserscheinungen in diesen zu erklären. Ernährung, Fortpflanzung, Bewegung wurden durch ganz unbekannte Kräfte bewirkt, welche von den in der unorganischen Natur wirkenden verschieden waren und für Aeusserungen einer unbekannten Lebenskraft galten. Wie Kant in diesen Erscheinungen keine gemeinsame Ursache zu erkennen vermochte, so war er auch nicht im stande die sinnliche Wahrnehmung, die Grundlage unserer geistigen Tätigkeit, zu erklären. Wenn die Farben ihm Modificationen des Sinnes des Gesichts sind, welches vom Licht auf eine gewisse Weise afficiert wird, so ist eben das Licht ein unwägbarer Stoff, welcher das Auge trifft, und welche Vorgänge in diesem Organe stattfinden, konnte er nicht wissen, ebenso wenig auf welchen Vorgängen die Tätigkeit der übrigen Sinne beruht, da sie erst später entdeckt worden sind.

So steht Kant vielen einzelnen Erscheinungen gegenüber, die durch ein gemeinsames Band nicht vereinigt werden. Sie bilden die Objekte unseres Erkenntnisvermögens. Worin dieses aber besteht, auf welche Ursachen es zurückzuführen und in welchen Zusammenhang mit den Objekten seiner Tätigkeit es zu bringen ist, darauf geht Kant nicht weiter ein. Es ist a priori und von selbst tätig, ursprünglich vorhanden und nicht weiter zu erklären.

Zwar bezeichnet er die Elemente unserer Erkenntnis, aber er sondert sie in einer Weise von einander, die den Vorstellungen, welche wir heute von den hiebei stattfindenden Vorgängen haben müssen, nicht entspricht. Diese Elemente sind Anschauungen und Begriffe von den Gegenständen. Beide sind empirisch, wenn Empfindung darin enthalten, d. h. wenn der Gegenstand derselben gegeben ist. „rein aber, wenn der Vorstellung keine Empfindung beigemischt ist"; also enthält „reine Anschauung lediglich die Form, unter welcher etwas angeschaut wird, und reiner Begriff allein die Form des Denkens eines Gegenstandes überhaupt". Letzteres sind die Kategorien, von welchen später die Rede sein wird. Diese Formen sind unabhängig von aller Erfahrung in uns vorhanden, „selbstgedachte erste Principien a priori unserer Erkenntnis". Die Annahme, dass sie „subjektive, uns mit unserer Existenz zugleich eingepflanzte Anlagen zum Denken wären, die von unserem Urheber so ein-

gerichtet worden, dass ihr Gebrauch mit den Gesetzen der Natur, an welchen die Erfahrung fortläuft, genau stimmte, (eine Art von Präformationssystem der reinen Vernunft)¨ weist er zurück, weil ¸in solchem Falle den Kategorien die Notwendigkeit mangeln würde, die ihrem Begriffe wesentlich angehört.¨ Unseren heutigen Vorstellungen würde freilich eine solche Annahme am nächsten kommen, weil wir uns heute bemühen zunächst die natürlichen Bedingungen zu erkennen, unter denen unsere Erkenntnis stattfindet, um von diesen aus zu den höheren und verborgenen Ursachen vorzudringen. Aber Kant würde dann jene Verstandesbegriffe a priori mit der menschlichen Natur in Verbindung gesetzt sehen, einem Gegenstande unserer Erfahrung, d. h. der Erkenntnis a posteriori, während wir nach ihm über letztere erst durch jene belehrt werden.

Dieser Unterschied zwischen Erkenntnis a posteriori, der empirischen durch Erfahrung, und der a priori, unabhängig von aller Erfahrung, ist der Grundfehler in der Lehre Kant's, aus dem die übrigen Fehler entspringen.

Freilich sagt Kant, dass die eine ohne die andere nicht möglich ist. Alle unsere Erkenntnis fängt mit der Erfahrung an, es ¸ist uns keine Erkenntnis a priori möglich, als lediglich von Gegenständen möglicher Erfahrung¨, ¸von Erfahrung aber überhaupt und dem, was als ein Gegenstand derselben erkannt werden kann, geben allein jene Gesetze a priori die Belehrung¨, d. h. die reinen Verstandesbegriffe. Aber diese Unterscheidung entspringt nicht aus dem Wesen der Erkenntnis, aus einer Verschiedenheit der Vorgänge, auf denen sie beruht, sondern ist auf den Stand der Naturwissenschaft zu Kant's Zeit zurückzuführen, also auf einen äusseren Umstand.

Kant war ein aufmerksamer Beobachter der Escheinungen in der Natur und suchte die Ursachen derselben zu erkennen, wie seine ¸Gedanken von der wahren Schätzung der lebendigen Kräfte u. s. w.¨ vom Jahre 1747, seine ¸Allgemeine Naturgeschichte und Theorie des Himmels¨ 1755, seine ¸Metaphysischen Anfangsgründe der Naturwissenschaft¨ 1786 und andere Schriften beweisen. Aber die verschiedenen Erscheinungen konnten damals, wie schon erwähnt worden ist, noch nicht aus einer einzigen Ursache abgeleitet werden. Die meisten traten ein, ohne dass man bestimmte Gesetze hiefür aufstellen konnte. Nur die Bewegung eines Körpers konnte man durch ein solches bestimmen, die Richtung derselben beliebig abändern und den Fall des Körpers auf die Erde verzögern, und doch vermochte man vorher seine Bahn und die Schnelligkeit der Bewegung genau anzugeben. Ebenso konnte man aus bestimmten Fundamentalsätzen der Geometrie andere Sätze ableiten, die als richtig angesehen werden mussten. Solche Sätze konnten auf andere höhere nicht weiter zurückgeführt, wohl aber andere von ihnen abgeleitet werden, die dann durch die Erfahrung bestätigt wurden.

Diese Fundamentalsätze schienen so der Erfahrung zuvorzukommen und sie erst möglich zu machen, also von einer ganz anderen Art zu sein, als diejenigen, welche erst durch unmittelbare Beobachtung der Dinge und Erscheinungen erhalten wurden und über diese Erfahrung nicht hinausgingen, wie die Sätze vom Lichte, von der Wärme, von den Lebenserscheinungen in Pflanzen und Tieren. Diese zeigten sich nicht so unbedingt richtig wie jene, waren aber weit zahlreicher vorhanden. Daher übersah Kant über der verschiedenen Bedeutung der Sätze, dass auch jene Fundamentalsätze nur durch Beobachtung hatten gewonnen werden können. Man hatte in diesem Falle eben eine ausreichende Zahl von Tatsachen erhalten, um die Begriffe derselben auf einen höheren zurückführen zu können, was in betreff der übrigen Dinge und Erscheinungen noch nicht hatte geschehen können.

Erst heute, nachdem seit der Zeit Kant's zahlreiche Beobachtungen in betreff aller übrigen Erscheinungen angestellt worden sind, können wir die durch sie gewonnenen Tatsachen unter einen gemeinsamen Gesichtspunkt bringen. Unsere Erkenntnis hat sich also seitdem bedeutend entwickelt.

Stets aber finden dieselben Vorgänge unserer geistigen Tätigkeit statt, um etwas zu erkennen. Man beobachtet eine Erscheinung, d. h. man nimmt sie durch die Tätigkeit der Sinne wahr, weit in den meisten Fällen geschieht es durch das Auge. Die dadurch erhaltene Vorstellung verbindet man mit anderen, auf dieselbe Weise gewonnenen, indem man die in allen gemeinsamen Merkmale hervorhebt und diese in einem Begriffe zusammenfasst. Verschiedene solcher Begriffe werden dann wieder nach den gemeinsamen Merkmalen in einem neuen, höheren, oder in einem Satze vereinigt. Es findet also stets sowohl sinnliche Wahrnehmung wie Begriffsbildung statt; eine kann ohne die andere nicht vor sich gehen, und beide werden von uns mit Bewusstsein ausgeübt. Dieses ist das Gemeinsame in ihnen, der Unterschied besteht darin, dass die sinnliche Wahrnehmung durch einen Gegenstand ausserhalb unser bedingt, die Begriffe allein durch Vorgänge in dem Organ unserer geistigen Tätigkeit, im Gehirn, gebildet werden, aber hier wie dort bestehen diese Vorgänge in molekularen Bewegungen in den Zellen dieses Organs, wie dieses früher hervorgehoben worden ist. Es ist also eine Folge der Entwickelung der Naturwissenschaft in dem letzten halben Jahrhundert, dass wir die elementaren Vorgänge, auf denen das Erkennen beruht, verstehen. Kant aber, der vor dieser Entwickelung lebte und nicht wissen konnte, dass die Erscheinungen des Lichts, der Wärme, die Vorgänge in den Organismen später auf allgemein gültige Ursachen zurückgeführt werden würden, vermochte der Beobachtung derselben noch nicht einen Wert beizulegen, da damals durch sie Sätze von allgemeiner Bedeutung weiter nicht gewonnen werden konnten. Daher wurde für letztere die Beobachtung als wesentlich nicht erkannt und ganz unbeachtet gelassen, so dass solche Sätze von einem ganz anderen Ursprunge zu sein schienen, als diejenigen, die man durch unmittelbare Wahrnehmung gewann. Woher aber jene stammten, das vermochte Kant natürlich nicht anzugeben; er bezeichnete sie daher, um diese Unkenntnis zu umschreiben, im gegensatze zu den durch Erfahrung gewonnenen als Sätze a priori, wodurch die Unklarheit in betreff ihres Ursprungs nicht im geringsten beseitigt wird.

Die Einteilung in Sätze und Begriffe a priori und a posteriori beruht also auf einem falschen Einteilungsgrunde. Nicht der höhere oder geringere Grad der Gewissheit der Resultate unserer Erkenntnis, sondern die elementaren Vorgänge selbst, aus denen unsere Erkenntnis hervorgeht, müssen ihn bilden.

Zu welchen Folgerungen solche unrichtigen Voraussetzungen führen, sieht man recht deutlich an den Sätzen „alle Körper sind ausgedehnt" und „alle Körper sind schwer", von denen Kant den ersten als ein analytisches, den zweiten als ein synthetisches Urteil, und zwar a posteriori, bezeichnet. Der erste Satz steht ihm a priori fest und ist kein Erfahrungsurteil, er bildet also einen Gegensatz zu dem zweiten. „Denn, ehe ich zur Erfahrung gehe, habe ich alle Bedingungen zu meinem Urteile schon in dem Begriffe (des Körpers), aus welchem ich das Prädikat nach dem Satze des Widerspruchs nur herausziehen und dadurch zugleich der Notwendigkeit des Urteils bewusst werden kann, welche mich Erfahrung nicht einmal lehren würde. Dagegen ob ich schon in dem Begriffe eines Körpers überhaupt das Prädikat der Schwere gar nicht einschliesse, so bezeichnet jener doch einen Gegenstand der Erfahrung durch einen Teil derselben, zu welchem ich also noch andere Teile eben derselben Erfahrung, als zu dem ersteren gehörten, hinzufügen kann."

Für uns haben beide Sätze eine ganz gleiche Bedeutung. Wir können uns keinen Körper vorstellen, der nicht ausgedehnt und schwer ist, aber doch nur deshalb, weil wir von frühester Jugend an stets die Körper mit solchen Eigenschaften wahrgenommen haben. Die Quelle, aus der beide Sätze entsprungen sind, ist die Erfahrung, und durch dieselbe werden wir auch belehrt, dass beide Sätze

— 7 —

für alle Körper gleiche Geltung haben: sie kommen also an Bedeutung den vorher erwähnten Fundamentalsätzen gleich. Wenn nun Kant den ersten Satz als einen a priori feststehenden ansieht, den zweiten aber nicht, so vermögen wir heute eine solche Unterscheidung nicht zu begründen; wir müssten denn annehmen, dass Kant wegen des damals bestehenden Gegensatzes zwischen unwägbaren Stoffen, wie dem Lichte, der Wärme, und den schweren Körpern die Eigenschaft der Schwere nicht als eine so allgemein vorkommende angesehen habe wie die der Ausdehnung. Vielleicht sah er auch darin einen Unterschied, dass die Ausdehnung fortwährend und unmittelbar durch das Auge wahrgenommen wird, die Schwere jedoch erst, wenn man den Druck des Körpers empfindet. Immerhin sehen wir, wie wenig begründet die Gegenüberstellung beider Sätze ist.

Von dieser unrichtigen Unterscheidung zwischen Erkenntnis a priori und a posteriori ausgehend, beginnt Kant seine Untersuchung, eine Kritik der reinen Vernunft, d. h. derjenigen, „welche die Principien, etwas schlechthin a priori zu erkennen, enthält". Indem er, wie schon bemerkt worden ist, zwischen analytischen und synthetischen Urteilen unterscheidet, solchen, in welchen das Prädikat zum Subjekte als etwas gehört, was in dem Begriffe desselben enthalten ist, und solchen, in welchen das Prädikat ausserhalb des Begriffes des Subjekts liegt, bezeichnet er als seine Aufgabe die Beantwortung der Frage: Wie sind synthetische Urteile a priori möglich?

Nach dem, was wir vorher gesagt haben, müssen wir von unserem heutigen Standpunkte aus antworten: a priori sind synthetische Urteile überhaupt nicht möglich, wohl aber, wenn wir die durch Beobachtung gewonnene Erfahrung der Forscher benutzen, die dadurch erhaltenen Vorstellungen auf immer höhere Begriffe zurückführen und diese in Sätzen vereinigen, welche eine allgemeine Geltung haben. Aus solchen Fundamentalsätzen können wir dann die einzelnen Erscheinungen ableiten und erklären, ein Verfahren, welches ja auch Kant in den schon erwähnten Beispielen von Galilei und Torricelli als Muster hinstellt.

Von seinem Standpunkte indessen muss Kant jene Frage anders beantworten. Wenn er, wie schon oben erwähnt ist, Anschauungen und Begriffe als die Elemente aller unserer Erkenntnis bezeichnet und einen Unterschied zwischen solchen a priori und solchen a posteriori macht, so werden wir von ihm nicht eine Darstellung der Vorgänge zu erwarten haben, aus welchen die sinnliche Wahrnehmung zusammengesetzt ist, und aus welchen die Anschauungen oder Vorstellungen hervorgehen. Eine solche Darstellung, welche der Ausgangspunkt der weiteren Untersuchung sein muss, konnte er nach dem, was oben über den damaligen Stand der Naturwissenschaften gesagt ist, überhaupt nicht geben. Vielmehr werden die Begriffe für ihn den Ausgangspunkt bilden müssen, die er unter den damaligen Verhältnissen als a priori vorhanden ansehen musste, und solche enthielten damals nur die Geometrie, die Physik, als die Lehre von der Bewegung der Körper, und die Logik, eine, wie Kant selbst hervorhebt, schon seit Aristoteles in sich geschlossene und vollendete Wissenschaft. Er wird also seiner Untersuchung die Begriffe des Raumes, der Zeit, durch welche die Bewegung gemessen wird, und die Urteilsformen zu grunde legen, welche die allgemeine Logik darlegt. Die beiden ersten Begriffe, die sich auf die Körper beziehen, bilden die Grundlage für die Erörterung der Anschauungen, die letzteren dagegen für die der Begriffe.

Anschauung, wie Kant sagt, findet nur statt, sofern uns ein Gegenstand gegeben ist. Damit werden auch wir übereinstimmen und ebenso mit der Bemerkung, dass dieses nur dadurch möglich ist, dass er das Gemüt auf gewisse Weise afficiert. Die Tätigkeit der einzelnen Sinne unterscheidet Kant nicht weiter und bezeichnet nur allgemein die Fähigkeit, Vorstellungen durch die Art, wie wir von Gegenständen afficiert werden, zu bekommen, als Sinnlichkeit. Die Wirkung der Gegenstände auf diese Sinnlichkeit ist Empfindung. und auch wir nennen heute die unmittelbare Einwirkung einer äusseren Ursache auf das Sinnesorgan Empfindung. Mehr aber vermochte Kant von der sinnlichen Wahrnehmung nicht 'anzugeben, so namentlich nicht, dass, indem die durch die äussere Ursache hervorgerufenen oder vielmehr abgeänderten Molekularbewegungen in den Nerven der Sinnesorgane bis zu den Zellen des grossen Gehirns fortgeleitet werden, Bewusstsein erweckt wird, und dass das Resultat die Vorstellung der äusseren Ursache ist. welche auf das Organ eingewirkt hat.

Vielmehr macht sich in der weiteren Auseinandersetzung der Einfluss der beiden Begriffe des Raumes und der Zeit geltend. zunächst darin, dass Kant fälschlich einen äusseren Sinn als eine Eigenschaft des Gemütes und einen inneren unterscheidet, durch den das Gemüt sich selbst oder seinen inneren Zustand anschaut, sodann empirische und reine Anschauung, von denen die erstere diejenige ist. welche sich auf den Gegenstand durch Empfindung bezieht, was wir heute überhaupt von jeder Anschauung annehmen.

Indem er „den unbestimmten Gegenstand einer empirischen Anschauung" Erscheinung nennt, trennt er in dieser „das, was der Empfindung correspondiert. die Materie" von dem, „welches macht. dass das Mannigfaltige der Erscheinung in gewissen Verhältnissen geordnet werden kann", und nennt dieses die Form der Erscheinung. welche „nicht selbst wieder Empfindung sein kann". „So ist uns zwar die Materie aller Empfindungen nur a posteriori gegeben. die Form derselben aber muss zu ihnen insgesammt im Gemüte a priori bereit liegen und dahero abgesondert von aller Empfindung können betrachtet werden".

Dass er nur durch Sinneswahrnehmungen von frühester Jugend an Vorstellungen von den Gegenständen erlangt hat. dessen ist sich Kant nicht bewusst. denn er hat dieses weder an sich beobachten können. noch an anderen wirklich beobachtet. So lange er denkt. so lange besitzt er Vorstellungen von den Dingen. also sind sie a priori in ihm vorhanden. Da aber die Empfindung, welche durch den Gegenstand hervorgerufen wird. auch in uns vorhanden ist, so trennt Kant, um hier einen Zusammenhang herzustellen. von dem Gegenstande die Erscheinung desselben und macht die Vorstellung oder Anschauung zur Form der Empfindung als der Materie. eine Verbindung von Form und Inhalt. die wegen des verschiedenen Ursprungs beider, und weil nicht dargetan wird, wie sich die Materie, die jedesmal gegeben wird, in die a priori bereit liegende Form fügt, unverständlich ist. Aber indem Kant den Unterschied zwischen a priori und a posteriori anwendet, erhält er eine Grundlage für die Unterscheidung zwischen Anschauung a priori und a posteriori. Denn er nennt alle Vorstellungen reine, in denen nichts. was zur Empfindung gehört, angetroffen wird.

Hiebei vergisst er freilich, was er selbst in dem ersten Hauptstück der Analytik der Begriffe S. 93 sagt: „Da keine Vorstellung unmittelbar auf den Gegenstand geht, als bloss die Anschauung. so wird ein Begriff niemals auf einen Gegenstand unmittelbar, sondern auf irgend eine andere Vorstellung von demselben (sie sei Anschauung oder selbst schon Begriff) bezogen". Obgleich also eine Anschauung sich immer auf einen Gegenstand durch die Empfindung bezieht, so gelangt er doch zu einer reinen Anschauung (oder Vorstellung) in folgender Weise.

„Wenn ich von der Vorstellung eines Körpers das. was der Verstand davon denkt, als Substanz, Kraft. Teilbarkeit u. s. w.. imgleichen, was davon zur Empfindung gehört, als Undurchdringlichkeit, Härte, Farbe u. s. w. absondere. so bleibt mir aus dieser empirischen Anschauung noch etwas übrig, nämlich Ausdehnung und Gestalt". Wir sind heute der Ansicht, dass man sich einen Körper ohne Substanz und ohne die erwähnten Eigenschaften überhaupt nicht vorstellen kann, und trennen von ihm nicht Ausdehnung und Gestalt als etwas besonderes. Aber nach Kant gehören diese „zur reinen Anschauung, die a priori, auch ohne einen wirklichen Gegenstand der Sinne oder Empfindung, als eine blosse Form der Sinnlichkeit im Gemüte stattfindet."

Wir haben oben gesehen, wie Kant bei den empirischen Anschauungen die Form vom Inhalt trennt: hier findet er nun die reine Form der Sinnlichkeit, aber dadurch, dass er die Anschauung eines physischen Körpers mit der eines geometrischen verwechselt. Dieser wird als ein Raum erklärt, der nach allen Seiten hin begrenzt ist, der erstere als ein Raum, der mit einem gewissen Stoffe erfüllt ist. Sieht man bei dem physischen Körper ganz von dem Stoffe ab und fasst nur sein Volumen, d. h. den Raum ins auge, den er einnimmt, so erhält man den geometrischen Körper, und dieser hat nur Ausdehnung und Gestalt. Weil Kant nun diese beiden an jedem Körper wahrnimmt und sich denselben ohne diese gar nicht vorstellen kann, so ist diese Anschauung a priori in ihm vorhanden und wird nicht erst durch sinnliche Wahrnehmung hervorgerufen. So liegt aller Anschauung die Vorstellung des Raumes zu grunde, sie ist die reine Form sinnlicher Anschauung.

Diese Bevorzugung einer Vorstellung vor anderen ist aus dem, was oben gesagt ist, zu erklären. Was in unseren Sinnesorganen und im grossen Gehirne vorgeht, und wodurch die Vorgänge hervorgerufen werden, wenn wir sehen, hören, die Empfindung des Geschmackes, des Geruches, der Wärme haben, wusste Kant nicht. „Geschmack und Farben sind gar nicht notwendige Bedingungen, unter welchen die Gegenstände allein für uns Objekte der Sinne werden. Sie sind nur als zufällig beigefügte Wirkungen der besonderen Organisation mit der Erscheinung verbunden. Daher sind sie auch keine Vorstellungen a priori, sondern auf Empfindung, der Wohlgeschmack aber sogar auf Gefühl (der Lust und Unlust) als eine Wirkung der Empfindung gegründet. Auch kann niemand a priori weder eine Vorstellung einer Farbe, noch irgend eines Geschmacks haben." Weil sich also über die übrigen Eigenschaften der Körper nichts mit solcher Gewissheit ausmachen lässt, wie über deren räumliche Ausdehnung und Gestalt, obgleich diese doch auch nur durch das Auge, oder den Tastsinn wahrgenommen werden, so betrachtet Kant die verschiedenen Körper nicht als physische, sondern als geometrische und bezeichnet selbst, wie wir gesehen haben, die Vorstellung der Schwere als eine durch Erfahrung gewonnene.

Dass die Vorstellung des Raumes a priori gegeben sei, beweist er folgendermassen: 1. „Damit gewisse Empfindungen auf etwas ausser mir bezogen werden, (d. i. auf etwas in einem anderen Orte des Raumes, als darinnen ich mich befinde, ingleichen damit ich sie als in verschiedenen Orten vorstellen könne, dazu muss die Vorstellung des Raumes schon zum Grunde liegen. Demnach kann die Vorstellung des Raumes nicht aus den Verhältnissen der äusseren Erscheinung durch Erfahrung geborgt sein, sondern diese äussere Erscheinung ist selbst nur durch gedachte Vorstellung allererst möglich."

Dieses wird durch das widerlegt, was ich schon oben über die sinnliche Wahrnehmung gesagt habe. Nicht die Vorstellung selbst ist uns angeboren, sondern die Fähigkeit durch sinnliche Wahrnehmung sie zu erwerben. Die Vorstellung des Raumes erweist sich allerdings, wenn wir sie erworben haben, als eine solche, die wir haben müssen, aber doch nur wegen der Beschaffenheit der Dinge und der unserer Sinnestätigkeit, für welche wir für jetzt noch keine Ursache angeben können, und sie entwickelt sich bei kleinen Kindern, wie alle übrigen, nur allmählich.

Ein solches Kind zeigt unmittelbar nach der Geburt noch nicht die geringste geistige Tätigkeit: es sieht in den ersten Wochen weder, noch hört es. Alle Organe, besonders das Gehirn, sind noch in einer so starken Entwickelung begriffen, wie sie später nicht mehr stattfindet, und zu keiner Zeit verändert der Schädel in folge der Entwickelung des Gehirns seine Gestalt so schnell, wie in

2

den ersten Tagen nach der Geburt. Daher gelangen äussere Eindrücke durch die Sinnesorgane noch nicht bis in das grosse Gehirn oder, wenn sie dahin gelangen, so üben diese einfachen Bewegungen nicht die geringste Wirkung auf die starke molekulare Bewegung in den Zellen aus, welche wachsen und sich bedeutend vermehren. Nur in den Gehirnganglien verursachen jene unbewusste, unwillkürliche Bewegungen, besonders der Gliedmassen. Erst allmählich, im Verlaufe des ersten Vierteljahres, wenn das Gehirn und die übrigen Organe immer kräftiger werden, die molekularen Bewegungen in ihnen nicht mehr so heftig sind, wird sich das Kind äusserer Eindrücke auf das Auge und auf das Ohr bewusst, zuerst selten, dann immer häufiger, und richtet seine Aufmerksamkeit auf dieselben. Aber erst um Ende des ersten Jahres fängt es an aus eigenem Antriebe zu sehen und zu hören und lernt dann, noch unbewusst, aber durch seine Organisation dazu gezwungen, die Dinge um sich herum beobachten: dann gleiten seine Blicke über die Gegenstände nach allen Richtungen hin, und aus den einzelnen Sinneseindrücken setzt sich unmittelbar die Vorstellung des ganzen Gegenstandes zusammen. Und noch in dem nächsten Jahre sind es immer nur die einzelnen Gegenstände, die seine Aufmerksamkeit fesseln und die es wahrnimmt, aber es unterscheidet immer mehr zwischen den einzelnen Dingen und lernt die Ausdrücke für die einzelnen Vorstellungen von den Personen seiner Umgebung. Erst später, im dritten Jahre vermag es die Vorstellung einzelner Eigenschaften von der des Gegenstandes zu sondern: es geschieht dieses allmählich. Das Auftreten besonderer, noch unklarer Vorstellungen von räumlicher und zeitlicher Ausdehnung, sowie von einem ursächlichen Zusammenhange verschiedener Dinge habe ich erst gegen Ende des vierten Jahres bei zwei Kindern, die ich beobachtet habe, bemerkt. Die Fähigkeit geometrische Verhältnisse aufzufassen entwickelt sich bekanntlich viel später. Es ist also nicht die Vorstellung des Raumes, sondern die des bestimmten Gegenstandes, die sich zuerst bei Kindern entwickelt. Eine Vorstellung des Raumes a priori giebt es nicht.

2) Kant sagt: „Man kann sich niemals eine Vorstellung davon machen, dass kein Raum sei, ob man sich gleich ganz wohl denken kann, dass keine Gegenstände darin angetroffen werden. Er wird also als die Bedingung der Möglichkeit der Erscheinungen, und nicht als eine von ihnen abhängende Bestimmung angesehen und ist eine Vorstellung a priori, die notwendigerweise äusseren Erscheinungen zum Grunde liegt.‟

Die Vorstellung von einem Raume, in dem keine Gegenstände angetroffen werden, entspringt aus dem Anblick, den uns die Natur um uns herum darbietet, wenn unsere Beobachtung noch nicht über die unmittelbare sinnliche Wahrnehmung durch das Auge hinausgeht. Dann sehen wir den festen Erdkreis und die mannigfaltigen Gegenstände um uns herum, die das Licht nicht durchlassen, sondern in den verschiedensten Farben zurückwerfen. Ueber uns aber erhebt sich ohne Grenzen das Himmelsgewölbe, in dessen Blau wir ausser den Wolken nichts wahrnehmen. Dieses erscheint dann als der Raum, in dem kein Gegenstand sich befindet, und von einer um so grösseren Ausdehnung gegenüber dem Erdkreise, wenn wir nachts die Gestirne in unbestimmbaren Fernen schimmern sehen.

Sobald wir aber die Natur genauer beobachten und, durch besondere Hülfsmittel unterstützt, auch das wahrnehmen, was dem unbewaffneten Auge verborgen bleiben muss, dann gelangen wir zu anderen Vorstellungen, zu solchen, wie sie im ersten Teile entwickelt worden sind. Dann besteht das scheinbare Himmelsgewölbe zunächst aus den gasförmigen Körpern, welche die Atmosphäre bilden, und diese umschliesst in ungeheurer Ausdehnung der Aether, welcher überall sich befindet und alle Weltkörper umgiebt, die jener Ausdehnung gegenüber wie Pünktchen erscheinen. Die Körper, aus denen unsere Erde und die übrigen Weltkörper zusammengesetzt sind, zerlegen wir, um ihre Beschafrenheit zu erklären, in kleinste Teilchen, welche durch kleinste Teilchen des Weltäthers von einander getrennt werden, und auch diesen selbst ausserhalb der Weltkörper müssen wir folgerichtig in solche kleinste Teilchen zerlegen. Aber hier gelangen wir zur Grenze der menschlichen Erkenntnis, die wir nicht hoffen dürfen so bald überschreiten zu können. Wir vermögen uns weder von der Gestalt noch von der Kleinheit dieser Atome, die doch immerhin eine Ausdehnung besitzen müssen, eine Vorstellung zu machen, noch auch von dem, was sich zwischen ihnen befindet und was bewirkt, dass sie eben einzelne Atome sind, so ungemein klein diese Zwischenräume auch zu denken sind. Dass sich absolut nichts zwischen den Atomen des Weltäthers befindet, ist uns undenkbar.

Wohin wir also auch unsere Gedanken richten, überall finden wir Körper unmittelbar neben einander: den Ort, den der eine einnimmt, kann der andere nicht einnehmen, und jeder Körper besitzt eine, wenn auch noch so geringe, räumliche Ausdehnung. Eine Ursache für diese Eigenschaft der Körper können wir ebenso wenig angeben, als dafür, dass überhaupt Körper vorhanden sind. Auch hier ist der menschlichen Erkenntnis eine Grenze gesetzt.

Wir können uns also nicht einen Raum ohne Körper vorstellen. Wohl aber vermögen wir die Eigenschaft der räumlichen Ausdehnung, wie andere Eigenschaften, z. B. die der Härte, der Farbe, von dem Körper zu trennen und sie uns besonders vorzustellen, aber immer als eine, die dem Körper an und für sich zukommt, und erst, nachdem wir sie durch die Tätigkeit der Sinne wahrgenommen haben.

Kant jedoch vermochte über die Vorstellung, die der unmittelbare Anblick des scheinbaren Himmelsgewölbes in ihm hervorrief, noch nicht hinwegzukommen. Da er es als ein Ganzes ansah, über welches der Blick gleichmässig hingleitet, ohne etwas wie die Körper auf der Erde wahrzunehmen, und da er, wie wir gesehen, die physischen Körper auf der Erdoberfläche nicht berücksichtigte, so erklärte er drittens den Raum nicht als „einen allgemeinen Begriff von Verhältnissen der Dinge überhaupt", sondern als „eine reine Anschauung." „Denn erstlich kann man sich nur einen einzigen Raum vorstellen, und wenn man von vielen Räumen redet, so versteht man darunter nur Teile eines und desselben alleinigen Raumes. Diese Teile können auch nicht vor dem einigen allbefassenden Raume gleichsam als dessen Bestandteile, (daraus seine Zusammensetzung möglich sei), vorhergehen, sondern nur in ihm gedacht werden. Er ist wesentlich einig, das Mannigfaltige in ihm, mithin auch der allgemeine Begriff von Räumen überhaupt, beruht lediglich auf Einschränkungen."

Diese Behauptung wird hinfällig, wenn wir, wie dieses in der tat der Fall ist, zuerst die Körper ins auge fassen: dann können wir nur die Räume uns vorstellen, welche die einzelnen einnehmen. Hiebei kommt es nicht nur auf die Empfindung des Lichts und der Farben durch das Auge an, sondern auch auf die Bewegungen der Muskeln desselben und auf die anderer Teile des Körpers. Unser Blick nimmt immer nur einen Punkt deutlich wahr. Um die räumliche Ausdehnung eines Gegenstandes wahrzunehmen, muss er über denselben hingleiten, der Augapfel sich also bewegen, und genügen diese Bewegungen nicht, so treten noch die des Kopfes und Halses, ja des ganzen Körpers hinzu. Die Vorstellung der räumlichen Ausdehnung entsteht also in uns durch die Empfindung der Farben und der begleitenden Bewegungen zugleich. Wie wichtig letztere sind, ist daraus zu ersehen, dass auch Blindgeborene allein durch den Tastsinn und die Bewegungen der Glieder und durch Veränderung des Orts Vorstellungen von der räumlichen Ausdehnung der Körper um sie herum erhalten. Die Empfindung der Farben und der sie begleitenden Bewegungen kommt in den Zellen unserer Grosshirnrinde zu stande, wie im ersten Teile gezeigt ist, aber jene Empfindung wird durch die von dem Gegenstande nach allen Richtungen ausgehenden Aetherwellen hervorgerufen, welche in unser

2 *

Auge gelangen und die molekularen Bewegungen zunächst in den Zellen der Schichten der Netzhaut abändern und verstärken, worauf diese erhöhten Bewegungen bis in die Zellen der Grosshirnrinde fortgeleitet werden. Die Beschaffenheit des Gegenstandes ist von einfluss auf die Grösse der von ihm ausgehenden Aetherwellen, d. h. der farbigen Lichtstrahlen, die in das Auge eindringen: wo der Gegenstand aufhört, können auch nicht mehr Lichtstrahlen in das Auge gelangen, und so werden auch die begleitenden Bewegungen der Augenmuskeln durch die Grenzen des Körpers bestimmt und aufgehalten. Es ist also der Gegenstand ausserhalb unser die Ursache jener Empfindungen in uns und der aus ihnen hervorgehenden Vorstellungen von der räumlichen Ausdehnung der Körper. Daher kann uns auch das blaue Himmelsgewölbe als ein Ganzes, gewissermassen als etwas Körperliches, gegenüber der scheinbaren Erdscheibe und den Körpern auf derselben erscheinen. Aber dieses ist doch immer nur eine Vorstellung eines einzelnen Raumes neben deren anderer Räume; und erst aus ihnen allen entsteht der Begriff des Raumes, ganz ebenso wie andere Begriffe aus einzelnen Vorstellungen.

Viertens sagt Kant: „Der Raum wird als eine unendliche gegebene Grösse vorgestellt. Nun muss man zwar einen jeden Begriff als eine Vorstellung denken, die in einer unendlichen Menge von verschiedenen möglichen Vorstellungen (als ihr gemeinschaftliches Merkmal) enthalten ist, mithin diese unter sich enthält; aber kein Begriff, als ein solcher, kann so gedacht werden, als ob er eine unendliche Menge von Vorstellungen in sich enthielte. Gleichwohl wird der Raum so gedacht, (denn alle Teile des Raumes ins Unendliche sind zugleich).‟

Das unendlich Grosse können wir uns ebenso wenig vorstellen, wie das unendlich Kleine: auch hier ist der menschlichen Erkenntnis eine Schranke gesetzt. Wir bilden nur den Begriff des unendlich Grossen, indem wir ihn negativ bestimmen als das, was keine Grenzen hat. Wenn ferner kein Begriff als nur der Raum als ein solcher gedacht wird, der eine unendliche Menge von Vorstellungen in sich enthält, so geschieht dieses von seiten Kant's nur, weil er den Begriff des Raumes als a priori vorhanden ansieht. Ist dieses, wie wir gesehen haben, nicht der Fall, so ist auch jene Behauptung unrichtig, und der Begriff des Raumes ist ebenso, wie andere Begriffe, in einer unendlichen Menge von Vorstellungen enthalten.

Aber Kant will ja nachweisen, wie synthetische Urtheile a priori möglich sind. Nun enthält die Geometrie, die Wissenschaft von der räumlichen Ausdehnung, wie wir gesehen haben, Fundamentalsätze, deren tatsächliche Richtigkeit wir so wenig erklären können, wie die Eigenschaft der räumlichen Ausdehnung der Körper, und von diesen Sätzen werden Lehrsätze abgeleitet, deren Richtigkeit sich beweisen lässt. Als einen solchen Fundamentalsatz führt Kant den an, „dass in einem Triangel zwei Seiten zusammen grösser seien als die dritte‟. Da dieser Satz niemals aus allgemeinen Begriffen von Linie und Triangel abgeleitet werden kann, so kann es nur aus der Anschauung geschehen. Daher bezeichnet Kant den Raum als Anschauung a priori und stellt ihn in einer besonderen transcendentalen Erörterung als ein Princip hin, „woraus die Möglichkeit synthetischer Erkenntnisse a priori eingesehen werden kann.‟ Er denkt nicht daran, dass jedem einzelnen Falle eine besondere Anschauung räumlicher Ausdehnung zu grunde liegt, und dass erst aus allen der Begriff, nicht die Anschauung, des Raumes überhaupt sich ergiebt.

Kant kommt sodann zu folgenden Schlüssen: a) „Der Raum stellt zwar keine Eigenschaft irgend einiger Dinge an sich, oder sie in ihrem Verhältnis auf einander vor, d. i. keine Bestimmung derselben, die an Gegenständen selbst haftete und welche bliebe, wenn man auch von allen subjektiven Bedingungen der Anschauung abstrahierte. Denn weder absolute, noch relative Bestimmungen können vor dem Dasein der Dinge, welchen sie zukommen, mithin nicht a priori angeschaut werden.

Wenn Kant eine Anschauung des Raumes a priori annimmt, also eine, die nicht durch Sinneswahrnehmung erworben wird, sondern diese sogar erst möglich macht, so folgert er richtig, dass der Raum dann auch nicht eine Eigenschaft der Dinge an sich sein kann, unabhängig von unserer Anschauung. Vielmehr ist ihm b) „der Raum nichts anderes, als nur die Form aller Erscheinungen äusserer Sinne, d. i. die subjektive Bedingung der Sinnlichkeit, unter der allein unsere äussere Anschauung möglich ist". Zugleich giebt er den Grund an für die Aufstellung dieser Form a priori: „Weil die Receptivität des Subjekts, von Gegenständen afficiert zu werden, notwendigerweise vor allen Anschauungen dieser Objekte vorhergeht, so lässt sich verstehen, wie die Form aller Erscheinungen vor allen wirklichen Wahrnehmungen, mithin a priori, im Gemüte gegeben sein könne, und wie sie als eine reine Anschauung, in der alle Gegenstände bestimmt werden müssen, Principien der Verhältnisse derselben vor aller Erfahrung enthalten könne". Alle diese Sätze entspringen aus der Unkenntnis der Vorgänge, welche die Sinneswahrnehmung ausmachen. Gehen wir von diesen Vorgängen aus, wie wir dieses heute müssen, so werden jene Behauptungen Kant's hinfällig.

Wir können nach ihm „nur aus dem Standpunkte eines Menschen vom Raum, von ausgedehnten Wesen u. s. w. reden. Gehen wir von der subjektiven Bedingung ab, unter welcher wir allein äussere Anschauungen bekommen können, so wie wir nämlich von den Gegenständen afficiert werden mögen, so bedeutet die Vorstellung vom Raume gar nichts. Dieses Prädikat wird den Dingen nur in sofern beigelegt, als sie uns erscheinen, d. i. Gegenstände der Sinnlichkeit sind". „Weil wir die besonderen Bedingungen der Sinnlichkeit nicht zu Bedingungen der Möglichkeit der Sachen, sondern nur ihrer Erscheinungen machen können, so können wir wohl sagen, dass der Raum alle Dinge belasse, die uns äusserlich erscheinen mögen, aber nicht alle Dinge an sich selbst, sie mögen nun angeschaut werden oder nicht, oder auch von welchem Subjekt man wolle". Demnach lehrt Kant „die Realität (d. i. objective Gültigkeit) des Raumes in ansehung alles dessen, was äusserlich als Gegenstand uns vorkommen kann, aber zugleich die Idealität des Raumes in ansehung der Dinge, wenn sie durch die Vernunft an sich selbst erwogen werden, d. i. ohne rücksicht auf die Beschaffenheit unserer Sinnlichkeit zu nehmen."

Auch diese Sätze entspringen aus der Annahme des Raumes als einer Anschauung a priori. Wenn diese die Form bildet für die durch die Einwirkung der Dinge auf die Sinnesorgane hervorgerufene Empfindung, so ist sie ohne diese eben nichts; aber diese Trennung ist eine unrichtige, und entspricht nicht den Vorgängen bei der Sinneswahrnehmung. Wenn ferner diese Anschauung des Raumes schon vor aller Sinneswahrnehmung in uns vorhanden und nicht erst durch die Beobachtung der Körper entwickelt ist, so kann auch nicht den Dingen an und für sich räumliche Ausdehnung als eine Eigenschaft beigelegt werden. Aber eine Anschauung a priori muss heute als unrichtig bezeichnet werden, und damit sind auch jene Sätze widerlegt.

Vielmehr ist die räumliche Ausdehnung eine Eigenschaft jedes Körpers an und für sich, welche er besitzt, noch bevor wir sie an ihm wahrnehmen. Nehmen wir sie aber durch die Tätigkeit unserer Sinne wahr, so erhalten wir die Vorstellung dieser Eigenschaft und gelangen dann erst zum Begriffe des Raumes durch Vorgänge, die in uns allein stattfinden, durch molekulare Bewegungen in den Zellen unserer Grosshirnrinde.

Wie der Begriff des Raumes den Sätzen der Geometrie zu grunde liegt, so der der Zeit den Sätzen, die von der Bewegung der Körper handeln, und wie in jener, so giebt es auch hier Fundamentalsätze von einer tatsächlichen Richtigkeit, die wir nicht weiter zu beweisen vermögen, und andere Sätze, die sich aus jenen mit notwendigkeit ergeben. Daher betrachtet Kant auch den Begriff der Zeit als a priori in uns vorhanden und nimmt ihn als Ausgangspunkt seiner Betrachtungen statt der Vorgänge in uns, durch die er entstanden ist. Die Vorstellung der Zeit erlangen wir durch die Wahrnehmung der Bewegung der Körper. Ein bewegter Körper verändert beständig seinen Ort und beschreibt hiebei einen Weg, den wir durch die Beziehung auf nahe und in ruhe befindliche Körper bestimmen können. Wenn diese Veränderung gleichmässig und ununterbrochen und die Bahn des bewegten Körpers A in sich geschlossen ist, so kann diese in gleiche Teile geteilt werden und als Massstab für die Bewegungen anderer Körper dienen. Durchläuft von diesen B seinen Weg, während A $\frac{1}{12}$ seines Weges zurücklegt, C aber den gleich langen Weg, während A $\frac{2}{12}$ macht, so bewegt sich C langsamer als B und braucht zum Durchlaufen desselben Weges mehr Zeit als B, die Zeit ist also durch den Weg von A bestimmt.

Einen solchen natürlichen Massstab bietet uns der scheinbare Weg der Sonne am Himmelsgewölbe von ihrem Aufgang bis zum Untergang und die gleichmässige scheinbare Drehung des Sternenhimmels oder vielmehr die gleichmässige Drehung der Erde um ihre Axe. Eine einmalige Umdrehung von einer Culmination eines Sternes bis zur anderen bezeichnen wir als die Zeit eines Sterntages und teilen diese Zeit in 24 gleiche Teile, die Stunden, ein, diese wieder in Minuten u. s. w. Im gewöhnlichen Leben rechnen wir freilich nicht nach Sterntagen, sondern nach Sonnentagen, da aber die wahren Sonnentage nicht gleich lang sind, so nehmen wir einander gleiche mittlere Sonnentage, die um fast vier Minuten länger sind als ein Sterntag, als Massstab an und teilen sie, wie diesen, in Stunden, Minuten, Sekunden ein. Einen grössern Massstab bietet uns die Bewegung der Erde um die Sonne, wenn letztere scheinbar die Ekliptik durchläuft: diesen Umlauf bezeichnen wir als die Zeit eines Jahres.

So müssen wir auch hier auf die Körper zurückgehen und auf ihre Eigenschaft bewegt zu werden. Diese Bewegung bewahren sie so lange, bis sie durch ein Hindernis aufgehoben wird. Dann sind sie zur ruhe gekommen, aber nur als ganze Masse; die Atome derselben befinden sich niemals in ruhe, wie im ersten Teile gezeigt worden, sondern in fortwährenden Schwingungen gegen einander, hervorgerufen durch die gleichen Bewegungen der Aetheratome zwischen ihnen. Die Gesammtwirkung dieser Schwingungen ist der Druck, der gegen die hindernden Körper ausgeübt wird. Solche Massen haben räumliche Ausdehnung und eine bestimmte Gestalt, weil eine grosse Anzahl von Atomen des Stoffes sich einander zu nähern streben, aber an der vollständigen und unmittelbaren Berührung durch die Aetheratome gehindert werden und daher in einer gewissen Gleichgewichtslage gegen einander schwingen. Wird die lebendige Kraft der Aetheratome durch irgend eine Ursache erhöht, so setzen sie die Atome der Masse in heftigere Bewegung, der Aggregatzustand ändert sich, und die Masse bewahrt nicht mehr ihre Gestalt. Steigert sich die Bewegung, so bewahrt sie im gasförmigen Zustand auch nicht mehr das Volumen. Umgekehrt, hört die Wärmebewegung auf, so nähern sich die Atome einander wieder und bilden Körper von räumlicher Ausdehnung und Gestalt. Solche Körper gehen also aus einer besonderen Bewegung ihrer kleinsten Teilchen hervor und haben so lange bestand, als diese Bewegung anhält.

Die einfachsten Elemente sind also die Atome der verschiedenen Stoffe, aber da wir uns weder ihre Gestalt und Ausdehnung vorzustellen, noch für ihre Bewegung eine Ursache anzugeben vermögen, so besteht hier für die menschliche Erkenntnis eine für jetzt unüberschreitbare Grenze. Nur so viel erkennen wir, dass es zwei Arten von Atomen giebt, die des Weltäthers und die der übrigen Stoffe, und dass diese eine einander entgegengesetzte Bewegung haben. Indem die Aetheratome sich nach allen Richtungen bewegen, drängen sie die übrigen Stoffe zu mehr oder minder dichten Massen, den

Weltkörpern, zusammen, und diese bewegen sich dann als ganze Massen in grossen Abständen von einander dahin, zum teil, wenn sie in geringeren Entfernungen zu kleineren Gruppen vereinigt sind, um den gemeinschaftlichen Schwerpunkt in geschlossenen Bahnen. Für die räumliche Ausdehnung ist also die Bewegung der Atome wichtig, für die zeitliche die des ganzen Körpers, wie die der Erde um die Sonne; beide aber sind auf die Körper und ihre Eigenschaft in bewegung gesetzt zu werden zurückzuführen.

Wenn die Zeit also nichts ist als Bewegung und für uns dieselbe durch die Drehung der Erde um ihre Axe und ihren Umlauf um die Sonne bestimmt wird, so ist dieses eine äussere Ursache, und wir erlangen die Vorstellung derselben erst durch Sinneswahrnehmung, d. h. hier durch das Auge und die begleitenden Bewegungen, und die Vorgänge in den Zellen des grossen Gehirns. Diese Wahrnehmung findet schon in früher Jugend statt, und so können wir, an den Wechsel von Tag und Nacht und der Jahreszeiten gewöhnt, uns des Vorganges nicht immer bewusst sein, wie es bei Kant der Fall ist. Dieser verwechselt auch den Begriff der Zeit mit der angeborenen Fähigkeit, ihn in folge sinnlicher Wahrnehmung zu bilden, und bezeichnet ihn als einen a priori vorhandenen. Wenn er dieses aber ebenso wenig ist, wie der des Raumes, so sind auch alle Sätze, die ihn betreffen, ebenso unrichtig, wie die vom Raume.

Ganz in derselben Weise, wie diesen, erklärt Kant auch die Zeit als „eine notwendige Vorstellung, die allen Anschauungen zum Grunde liegt. Man kann in ansehung der Erscheinungen überhaupt die Zeit selbst nicht aufheben, ob man zwar ganz wohl die Erscheinungen aus der Zeit wegnehmen kann". „Verschiedene Zeiten sind nicht zugleich, sondern nach einander (so wie verschiedene Räume nicht nach einander, sondern zugleich sind). Diese Grundsätze können aus der Erfahrung nicht gezogen werden, denn diese würde weder strenge Allgemeinheit, noch apodiktische Gewissheit geben". „Die Zeit ist kein allgemeiner Begriff, sondern eine reine Form der sinnlichen Anschauung". Denn sonst würde der Satz, dass verschiedene Zeiten nicht zugleich sein können, nicht ein synthetisches Urteil a priori sein; und Kant will doch zeigen, dass auch durch die Zeit als Anschauung a priori solche Urteile möglich sind. Ferner: „Die Unendlichkeit der Zeit bedeutet nichts weiter, als dass alle bestimmte Grösse der Zeit nur durch Einschränkungen einer einzigen zum Grunde liegenden Zeit möglich sei". „Wovon aber die Teile selbst und jede Grösse eines Gegenstandes nur durch Einschränkung bestimmt vorgestellt werden können, da muss die ganze Vorstellung nicht durch Begriffe gegeben sein, denn diese enthalten nur Teilvorstellungen, sondern es muss ihnen unmittelbare Anschauung zum Grunde liegen".

Daher kommt Kant auch in betreff der Zeit zu denselben Schlüssen, wie in betreff des Raumes. „Die Zeit ist nicht etwas, was den Dingen als objective Bestimmung anhinge, mithin übrig bliebe, wenn man von allen subjektiven Bedingungen der Anschauung derselben abstrahiert." Sie ist auch nicht etwas, „was für sich bestünde", denn dann „würde sie etwas sein, was ohne wirklichen Gegenstand dennoch wirklich wäre."

Sondern für Kant ist „die Zeit nichts anderes, als die Form des inneren Sinnes, d. i. des Anschauens unserer selbst und unseres inneren Zustandes. Denn die Zeit kann keine Bestimmung äusserer Erscheinungen sein; sie gehört weder zu einer Gestalt noch Lage u. s. w., dagegen bestimmt sie das Verhältniss der Vorstellungen in unserem inneren Zustande. Und eben weil diese innere Anschauung keine Gestalt giebt, suchen wir auch diesen Mangel durch Analogien zu ersetzen, und stellen die Zeitfolge durch eine ins Unendliche fortgehende Linie vor, in welcher das Mannigfaltige eine Reihe ausmacht, die nur von einer Dimension ist, und schliessen aus den Eigenschaften dieser

— 16 —

Linie auf alle Eigenschaften der Zeit, ausser dem einigen, dass die Teile der ersteren zugleich, die der letzteren aber jederzeit nach einander sind. Hieraus erhellet auch, dass die Vorstellung der Zeit selbst Anschauung sei, weil alle ihre Verhältnisse sich an einer äusseren Anschauung ausdrücken lassen."

Oben habe ich es als eine Notwendigkeit bezeichnet, jede Vorstellung, die das Objekt unserer Betrachtung wird, auf den entsprechenden Gegenstand zu beziehen, weil, wenn eine Vorstellung durch eine andere oder einen Begriff erklärt wird, der Massstab für die Richtigkeit der ersteren leicht verloren wird. Und letzteres ist in der eben angeführten Stelle der Fall. Weil Kant von den Vorgängen von der Sinneswahrnehmung keine Kenntniss besitzt, so legt er den Empfindungen der Farben, der Töne, der Wärme keine Bedeutung bei, denn sie sind ihm eben nur Empfindungen, die er durch ein allgemein gültiges Gesetz nicht zu erklären vermag. Daher setzt er die durch die Tätigkeit einzelner Sinne gewonnene Vorstellung des Raumes für die Sinne überhaupt und bezeichnet sie als die Form des äusseren Sinnes, weil alle Dinge um uns herum räumliche Ausdehnung und eine bestimmte Lage zu einander haben: der Raum bedeutet also das Nebeneinander. Die Bewegung der Körper dagegen bezeichnet das Nacheinander, denn sie findet immer nur nach einer bestimmten Richtung statt, so oft diese sich auch durch äussere Einflüsse ändern mag, und der Schwerpunkt des bewegten Körpers beschreibt dabei eine Linie. So kommt auch Kant auf diese unwillkürlich zurück, um die Zeit zu veranschaulichen, und stellt diese sich als eine unendliche Linie vor, deren Teile nicht zugleich, wie bei der räumlichen Ausdehnung, sondern nach einander sind, weil die Zeit eben, wie wir gesehen haben, Bewegung ist. Eine solche Bewegung der einzelnen Vorstellungen und Begriffe nehmen wir auch in der Tätigkeit unseres Bewusstseins wahr: wir werden uns keiner Vorstellung zugleich mit einer anderen bewusst, sondern immer nur der einen nach der anderen, so dass dieser Vorgang durch eine Linie veranschaulicht werden kann. Da nun Kant bei der Bewegung nicht die drei Dimensionen des Raumes, sondern nur eine in betracht zu ziehen hat und da er statt der Sinne die durch die Tätigkeit derselben gewonnene Vorstellung als einen Sinn bezeichnet, so setzt er dem äusseren Sinne einen inneren gegenüber und bezeichnet die Zeit als die reine Form desselben. Er gewinnt diese Vorstellung nur dadurch, dass er sie einer anderen Vorstellung gegenüberstellt, nicht in ursächlichen Zusammenhang mit den wirklichen Vorgängen bringt. Wenn wir diese in betracht ziehen, so giebt es überhaupt keinen inneren Sinn, auch nicht einmal einen äusseren, sondern nur Sinne oder Sinnesorgane, durch welche die einfachen Wellenbewegungen der unorganischen Körper, die wir als Licht, Wärme, Töne empfinden, zu Nervenzellen gelangen und die in diesen schon stattfindenden zusammengesetzten molekularen Bewegungen abändern und verstärken. Diese erhöhte Bewegung wird in den Nervenfasern fortgeleitet, zunächst zu niedrigeren Hirncentren, den Vierhügeln, den Nervenkernen der Hörnerven und anderen, sodann in die Zellen des grossen Gehirns, und erst durch die gesteigerte molekulare Bewegung in denselben werden wir uns der betreffenden Vorstellung bewusst. Wenn wir dann der Aufeinanderfolge unserer Vorstellungen uns bewusst werden, so beruht dieses nicht mehr auf der Tätigkeit der Sinnesorgane, sondern auf der gesteigerten Bewegung in den Zellen des grossen Gehirns.

Wenn ferner Kant behauptet: „Weil alle Vorstellungen, sie mögen nun äussere Dinge zum Gegenstande haben oder nicht, doch an sich selbst, als Bestimmungen des Gemüts, zum inneren Zustande gehören, dieser innere Zustand aber unter der formalen Bedingung der inneren Anschauung, mithin der Zeit gehört, so ist die Zeit eine Bedingung a priori von aller Erscheinung überhaupt, und zwar die unmittelbare Bedingung der inneren (unserer Seelen) und eben dadurch mittelbar auch der äusseren Erscheinungen", so ist dieses nach dem, was eben gesagt ist, ebenfalls unrichtig.

Endlich sagt Kant, wie vom Raume, so auch von der Zeit, dass sie nichts ist, „wenn wir von unserer Art, uns selbst innerlich anzuschauen, abstrahieren", dass sie „nur von objektiver Gültigkeit in ansehung der Erscheinungen" ist, aber nicht mehr objektiv, wenn man von den Dingen an sich redet; Behauptungen, welche ebenso wenig aufrecht erhalten werden können, wie das, was von Kant über den Raum gesagt worden ist.

Schliesslich fasst Kant seine Ansicht über die Grundbeschaffenheit der sinnlichen Erkenntniss in folgenden Sätzen zusammen: Alle unsere Anschauung ist nichts als die Vorstellung von Erscheinungen. Die Dinge, die wir anschauen, sind das nicht an sich selbst, wofür wir sie anschauen, noch sind ihre Verhältnisse so an sich selbst beschaffen, als sie uns erscheinen. Wenn wir unser Subjekt oder auch nur die subjektive Beschaffenheit der Sinne überhaupt aufheben, so verschwinden alle die Beschaffenheit, alle Verhältnisse der Objekte in Raum und Zeit, ja selbst Raum und Zeit, und können als Erscheinungen nicht an sich selbst, sondern nur in uns existieren. Was es für eine Bewandtnis mit den Gegenständen an sich und abgesondert von aller dieser Receptivität unserer Sinnlichkeit haben möge, bleibt uns gänzlich unbekannt. Wir kennen nichts, als unsere Art sie wahrzunehmen, die uns eigentümlich ist, die auch nicht notwendig jedem Wesen, obzwar jedem Menschen zukommen muss. Raum und Zeit sind die reinen Formen derselben, Empfindung überhaupt die Materie. Jene können wir allein a priori, d. h. vor aller wirklichen Wahrnehmung erkennen, und sie heisst darum reine Anschauung; diese aber ist das in unserer Erkenntnis, was da macht, dass sie Erkenntnis a posteriori, d. i. empirische Anschauung heisst. Jene hängen unserer Sinnlichkeit schlechthin notwendig an, welcher Art auch unsere Empfindungen sein mögen, diese können sehr verschieden sein. Wenn wir diese unsere Anschauung auch zum höchsten Grade der Deutlichkeit bringen könnten, so würden wir dadurch der Beschaffenheit der Gegenstände an sich selbst nicht näher kommen. Denn wir würden auf allen Fall doch nur unsere Art der Anschauung, d. i. unsere Sinnlichkeit vollständig erkennen und diese immer nur unter den dem Subjekt ursprünglich anhängenden Bedingungen von Raum und Zeit: was die Gegenstände an sich selbst sein mögen, würde uns durch die aufgeklärteste Erkenntnis der Erscheinung derselben, die uns allein gegeben ist, doch niemals bekannt werden.

Man sieht, Kant kommt über die Tatsache, dass wir Vorstellungen von den Dingen haben. nicht hinaus. Wie aber diese Vorstellungen in uns entstehen, in welchem ursächlichen Zusammenhange bei der Sinneswahrnehmung die Vorgänge in uns mit den Erscheinungen ausserhalb unser stehen, das vermag er bei dem damaligen Zustande der Naturwissenschaften nicht anzugeben. Da man damals nur von einzelnen Erscheinungen Vorstellungen hatte und diese einzelnen mit einander nicht zu verbinden und wenigen höheren Begriffen unterzuordnen vermochte, so erkannte er, dass man über die Gegenstände selbst, auf die sich diese Vorstellungen bezogen, nichts gewisses ausmachen konnte, und erklärte folgerichtig. es bleibe uns unbekannt, was es für eine Bewandtnis mit den Dingen an und für sich habe. Darin aber musste Kant irren, dass er allgemein die Unmöglichkeit behauptete, die Dinge an und für sich zu erkennen. Diese Unmöglichkeit bestand nur für sein Zeitalter, in unserem besteht sie in folge der zahlreichen wissenschaftlichen Entdeckungen nicht mehr. Wir haben heute, wie das vorher mehrfach dargethan ist, einen bedeutenden Schritt vorwärts zur Erkenntnis der Dinge an und für sich getan. Aber wir dürfen uns zugleich nicht verhehlen. dass unsere Erkenntnis noch mangelhaft ist, und dass noch unendlich viel zu erforschen übrig bleibt: der Umfang und der Grad der Erkenntnis jedes Zeitalters richtet sich eben nach der Zahl der wissenschaftlich erforschten Tatsachen. Aus der Unmöglichkeit, die Dinge an und für sich zu erkennen, entspringt, wie wir schon dargetan haben, der Fehler, die Begriffe von Raum und von Zeit als

Massstab zur Beurteilung von Vorstellungen zu nehmen, die auf dieselbe Weise in uns entstehen, wie die der räumlichen und zeitlichen Ausdehnung, nur dass sie noch nicht höheren Begriffen untergeordnet werden können. Es müssen vielmehr die Vorgänge in uns im zusammenhang mit den äusseren Ursachen zum Ausgangspunkte gemacht werden, sonst wird, wie wir gesehen haben, das Wesen unserer Erkenntnis unrichtig dargestellt.

Dies kann nur geschehen, wenn wir das Organ ins auge fassen, durch das wir erkennen, und welches überhaupt alle Lebenserscheinungen in uns beherrscht. Die im Gehirn und im Rückenmark zu grösseren Gruppen vereinigten Nervenzellen bilden die Centra, von denen aus Nervenfasern zu allen Punkten der Oberfläche unseres Körpers hin verlaufen und teils in Muskeln übergehen, die der willkürlichen Bewegung dienen, teils in den Zellen der verschiedenen Sinnesorgane endigen. Diese Zellen, sowohl in den Centren wie in der Peripherie des Körpers, sind die am meisten zusammengesetzten Körper, die wir kennen, und in ihnen ist die grösste Summe lebendiger Kraft angehäuft, so dass die molekulare Bewegung in denselben die in allen anderen Zellen beherrscht. Dies zeigt sich schon am Anfang der Entwickelung der embryonalen Anlage. Das erste, was sich in dem Keime nach Entstehung der Keimblätter differenziert, ist mit der Anlage der Wirbelsäule das Rückenmark, indem sich ein Teil der Bildungszellen in Nervenzellen verwandelt, aus den anderen durch Verschmelzung sich die Nervenfasern bilden, von denen die vorderen mit den Muskeln der willkürlichen Bewegung, die hinteren mit den sensorischen Zellen der Haut in verbindung treten. Indem sich sodann die Anlagen der übrigen Organe absondern, entstehen zugleich am vorderen Ende des Rückenmarks in der späteren Schädelhöhle die drei Stammbläschen des Gehirns, das verlängerte Mark, die Vierhügel und die Sehhügel, und darauf aus ersterem das Bläschen des Kleinhirns, aus letzterem, am vorderen Ende der Körperanlage, die Hemisphären des Grosshirns. Während sich die Gestalt des Körpers immer mehr entwickelt, wachsen jene Bläschen, indem sich Nervenzellen in ihnen anhäufen und Nervenfasern von diesen ausgehen, teils um die Teile des Gehirns mit einander zu verbinden, teils um in die Zellen der Sinnesorgane und in Muskeln überzugehen.

Hiebei zeigt sich der Unterschied, dass die Zellen des Rückenmarks, des verlängerten Marks, der Vier- und der Sehhügel, der Ansammlungen vor letzteren in den Höhlen des Grosshirns, wie des Streifenhügels, des Linsenkernes u. a., rings Nervenfasern entsenden, die von ihnen, wie von Centren, nach der Peripherie hin zu den verschiedenen Organen verlaufen, dagegen die Zellen des Kleinhirns und des Grosshirns ihre Lage an der Wand der ursprünglichen Bläschen behalten, und dass von den übrigen Centren her die Nervenfasern in sie ausstrahlen.

Auch entwickeln sich die einzelnen genannten Teile des Gehirns verschieden. In den niedrigsten Wirbeltieren, den Fischen, bleiben Grosshirn und Kleinhirn ganz zurück, und letzteres bildet nur eine unpaare Leiste. Mehr entwickeln sie sich in den nackten Amphibien, noch mehr in den Reptilien und in den Vögeln, ganz besonders aber in den Säugetieren. In diesen wölben sich die beiden Hälften des Grosshirns, indem sie um die Anheftungsstelle vor den Sehhügeln einen Bogen nach hinten beschreiben, über diese Sehhügel hinweg, und neben dem unpaaren Teile des Kleinhirns treten zu beiden Seiten die Hemisphären desselben auf. Je mehr sich nun die Hemisphären des grossen und kleinen Gehirns entwickeln, desto höher steht das Säugetier. Am vollkommensten sind beide im Menschen ausgebildet. In diesem wölbt sich das Grosshirn, an Ausdehnung und Masse alle übrigen Teile des Gehirns bedeutend überragend, selbst über das Kleinhirn hinweg, indem es nach unten und hinten in besondere Lappen ausläuft.

Das Grosshirn bildet das Centrum, welches durch Nervenfasern mit jedem Muskel der willkürlichen Bewegung und mit jeder Nervenzelle in den Sinnesorganen in verbindung steht. Indem aber die Nervenfasern des Rumpfes und der Gliedmassen sich zuerst im Rückenmarke sammeln, werden

- 19 -

hier motorische und sensorische Fasern durch Zellen desselben in unmittelbare Verbindung gesetzt, so dass durch äussere Ursachen in den Empfindungszellen der Haut hervorgerufene Erregungen unmittelbar auf die Bewegungsfasern hinübergeleitet werden und Zusammenziehung der Muskeln des Rumpfes und der Glieder hervorrufen, Bewegungen, welche ohne unser Bewusstsein und ohne unsern Willen stattfinden.

Aus dem Rückenmark treten die Stränge der sensorischen und der motorischen Nervenfasern teils in das kleine Gehirn, teils in die Vierhügel, Sehhügel und in die übrigen Ganglien, um hier durch die dicht gedrängt neben einander befindlichen Nervenzellen mit einander und mit den aus den höheren Sinnesorganen eintretenden Nervenfasern in unmittelbare Verbindung gesetzt zu werden. Daher finden auch in diesen Centren Combinationen teils von Empfindungen u. Bewegungen, teils verschiedenartiger Bewegungen allein statt, welche ohne unser Bewusstsein und ohne unseren Willen verlaufen.

Zugleich mit den Fasern, welche aus dem Kleinhirn und den Gehirnganglien austreten, strahlen andere, unmittelbar aus dem Rückenmarke und von den höheren Sinnesorganen kommende, in die Zellen des grossen Gehirns aus, und zwar getrennt, die sensorischen Fasern in den hinteren Teil, die motorischen in den vorderen bis zur Sylvischen Spalte.

Alle diese Nervenzellen und Nervenfasern, welche die Träger und Vermittler der Empfindungen und willkürlichen Bewegungen sind, scheinen von derselben Beschaffenheit zu sein, wenigstens ist bisher ein Unterschied in ihrer chemischen Zusammensetzung und in ihrer Struktur nicht wahrgenommen worden. Demnach müssen wir annehmen, dass in allen dieselben molekularen Bewegungen stattfinden, dass sie in den Zellen in einer stärkeren Bewegung der Moleküle nach dem Kerne hin und in diesem in einer festeren Verbindung derselben unter einander bestehen, und dass diese Bewegungen in den Fasern mit grosser Schnelligkeit weiter geleitet werden.

Die sensorischen Fasern stehen durch Zellen mit Endapparaten, den Sinnesorganen, in Verbindung, von denen jeder, verschieden von dem anderen, geeignet ist, eine besondere Art molekularer Bewegung aufzunehmen, das Auge die Schwingungen des Weltäthers, wenn sie zwischen 400—800 Billionen in der Sekunde betragen, die Haut Schwingungen desselben Aethers unter 400 Billionen, das Ohr Luftwellen von bestimmter Grösse und Schnelligkeit, Zunge und Nase gewisse chemische Veränderungen. Es ist also immer die besondere Art molekularer Bewegung, die von aussen zu den Bewegungen in den Nervenzellen und Fasern hinzutritt und diese abändert und verstärkt. Wenn letztere über die niederen Centra im Rückenmark und im Gehirn hinaus nicht weiter geleitet werden, sondern in andere Fasern und durch diese in Muskeln übertreten, so rufen sie eine andere Art von Bewegung hervor, die Zusammenziehung des ganzen Muskels, die ohne unseren Willen stattfindet.

Erst wenn jene durch äussere Ursachen bewirkten Bewegungen in die sensorischen Zellen des Grosshirns gelangen, werden wir uns der besonderen Empfindung und der Vorstellung ihrer Ursache bewusst, und wenn dann die Erregung in motorischen Zellen durch die entsprechenden Fasern auf die Muskeln übertragen wird, machen wir mit Bewusstsein und Absicht Bewegungen, aus denen sich unsere auf ein bestimmtes Ziel gerichteten Handlungen zusammensetzen.

Das Grosshirn ist also das Organ des Bewusstseins und verdankt diese Eigenschaft seiner von der der übrigen Gehirnteile abweichenden Beschaffenheit. Es besteht aus vielen tausenden Zellen, einer Anzahl, die viel grösser ist als die der Zellen in allen übrigen Gehirnteilen zusammen, und diese Zellen befinden sich in der Peripherie neben einander in mehreren Lagen ausgebreitet und in eine Grundsubstanz eingebettet, welche gegen die Oberfläche der Rinde mehr und mehr dem Bindegewebe verwandt wird, bis sie an der Oberfläche selbst in die rein bindegewebige Gefässhaut übergeht. In der oberflächlichen Schicht dieser Grundsubstanz finden sich nur wenige und unregelmässig gestaltete Nervenkörper. Weiter nach innen werden sie zahlreicher und nehmen allmählich eine regelmässigere, pyramidale Form an; je weiter nach innen, um so mehr wächst die Grösse der pyramidalen Zellen, während zugleich ihre Zahl abnimmt. Jede ist mit ihrer Basis nach innen, mit ihrer Spitze nach aussen gegen die Oberfläche gerichtet und entsendet aus ihrer Spitze einen breiteren, aus der Mitte der Basis einen schmaleren Fortsatz, welcher in der Mitte der Zelle zu entspringen scheint und in eine Nervenfaser übergeht. Ausserdem gehen von jeder Zelle seitliche Fortsätze aus, welche sich verästeln und zuletzt in ein sehr feines Netz auflösen; aus diesen sammeln sich wieder Nervenfasern, welche ebenfalls netzförmig angeordnet sind. Auf die pyramidalen Zellen folgen zuletzt noch kleinere unregelmässig geformte Zellen, welche sich allmählich mit ihrem längsten Durchmesser der Quere nach stellen. Doch sind diese verschiedenen Zellenformen nicht in allen Teilen der Rinde gleichmässig verbreitet: die Pyramiden finden sich am zahlreichsten an der freien Oberfläche der Windungen, sehr wenig dagegen in der Tiefe der Furchen. Zwischen den einzelnen Zellen besteht eine Verbindung wahrscheinlich nur durch das erwähnte feine Fasernetz, und aus diesem entspringen wohl auch die Faserzüge, welche die einzelnen Teile des Gehirns mit einander verbinden, und durch welche erst die sensorischen Zellen mit den motorischen in zusammenhang gebracht werden.

Jede der pyramidalen Zellen steht durch eine Nervenfaser mit einer sensorischen Zelle an der Oberfläche des Körpers oder mit einem Muskel in verbindung, in allen aber müssen wir eine ursprünglich gleiche molekulare Bewegung annehmen. Wird nun eine durch eine äussere Ursache veranlasste Erregung durch die Nervenfasern in die entsprechenden Zellen im Grosshirn geleitet, so wird in diesen die molekulare Bewegung gesteigert, und da diese erst die aus dem feinen Endfasernetz entspringenden Leitungswege aufsuchen muss, um in motorische Zellen überzugehen und sich in Muskelzusammenziehung umzusetzen, so wird sie in der sensorischen Zelle aufgehalten und kann höchstens nur auf die nahe befindlichen, durch das Endfasernetz mit ihr in verbindung gesetzten Zellen übertreten. Dadurch wird aber das Gleichgewicht zwischen der Bewegung in diesen Zellen und der in allen übrigen gestört, und die Folge davon ist, dass das Bewusstsein dieses Unterschiedes in uns hervortritt, und dass wir denselben als die besondere Empfindung unterscheiden. Zugleich erhalten wir durch diese Störung des Gleichgewichts eine Richtung nach der äusseren Ursache hin, welche die Erregung veranlasst hat, und verlegen die Bewegung, die in uns selbst stattfindet, diesem Anstosse folgend, nach aussen, indem wir uns die Vorstellung dieser äusseren Ursache bilden. Wenn solche Einwirkungen häufiger stattfinden, so treten Unterschiede in der Erregung der Zellen ein: die einzelnen werden gegen die eine Erregung empfindlicher als gegen die andere, und so werden die einzelnen Vorstellungen deutlicher und schärfer von einander unterschieden. Damit wird aber auch die Möglichkeit gegeben, kleinere oder grössere Kreise von Zellen zu unterscheiden, in denen ähnliche Erregungen hervorgerufen, also verwandte Vorstellungen gebildet werden, wir werden uns des Gemeinsamen bewusst und bilden Begriffe.

Was ich hier ausgesprochen habe, ist nur Hypothese, aber sie nimmt bezug auf die Beschaffenheit des Organs und auf die Vorgänge in demselben und ausserhalb desselben und erklärt die Vorgänge unseres Denkens in den allgemeinsten Umrissen. Genauer werden wir dieselben erst dann erkennen, wenn wir eine immer eingehendere Kenntnis vom Bau des Nervensystems, besonders des Gehirns, und von den molekularen Bewegungen in den Zellen und Fasern und den Ursachen erlangen, durch welche sie hervorgerufen werden. Wodurch ist es gekommen, dass sich gewisse Stoffe in bestimmten Verhältnissen zur organischen Zelle vereinigt haben, andere aber nicht? Wodurch werden die Unterschiede in der Entwickelung organischer Zellen hervorgerufen? Welches sind die Ursachen für die Entwickelung der verschiedenen Gestalten der Pflanzen und Tiere, und in diesen für die Entwickelung der einzelnen Organe und besonders des Nervensystems? Worin besteht die besondere Erregbarkeit des letzteren? Welche Bewegungen führen die Moleküle und die Atome hiebei aus, und welches sind die Gesetze für dieselben? Das sind einige von den Fragen, die hiebei beantwortet werden müssen, aber wohl noch lange unbeantwortet werden bleiben, weil wir dabei bis zu Ursachen vordringen müssen, die nicht allein ausserhalb unserer Erde, sondern auch ausserhalb des uns sichtbaren Weltgebäudes wirksam sind. Um so mehr müssen wir aber schon jetzt bei unseren Vorstellungen und Begriffen das Organ berücksichtigen, in dem sie entstehen, und die Beschaffenheit der Gegenstände, die sie betreffen, damit wir alle aus denselben Vorgängen ableiten und unter derselben Einheit unseres Bewusstseins begreifen, und nicht, wie Kant, den Fehler begehen, Begriffe als wesentlich von einander verschieden hinzustellen, die in uns denselben Ursprung haben.

Kant bezeichnet als zweites Element unserer Erkenntnis die Kategorien oder reinen Verstandesbegriffe, welche a priori auf Gegenstände der Anschauung gehen. Aber während ihm die Begriffe des Raumes und der Zeit als reine Anschauung a priori nichts sind, wenn wir von den subjektiven Bedingungen unserer sinnlichen Anschauung abstrahieren, so weist er, wie wir gesehen, eine ähnliche Annahme in betreff der Kategorien, „dass sie subjektive, uns mit unserer Existenz zugleich eingepflanzte Anlagen zum Denken seien", zurück und bezeichnet sie ganz unklar als selbstgedachte erste Principien a priori unserer Erkenntnis. Also beide sind a priori in uns vorhanden, jene aber zu unserer subjektiven Beschaffenheit gehörig, diese nicht, ein Widerspruch, der aus der Unkenntnis Kant's in betreff der Vorgänge bei der Sinneswahrnehmung und beim Denken entspringt.

Wir haben schon in der vorhergehenden Betrachtung dieser Sinneswahrnehmungen die Begriffe der Ursache und der Wechselwirkung anwenden müssen, Kant aber behandelt diese Verstandesbegriffe abgesondert für sich, weil sie ihm für sich besonders in der Logik, als der Wissenschaft von den Verstandesregeln, überliefert sind, ebenso wie der Begriff des Raumes in der Geometrie und der der Zeit in der Lehre von der Bewegung. Die Elemente der Erkenntnis bestehen noch vereinzelt neben einander, ohne inneren Zusammenhang; einen solchen muss er erst herstellen, indem er sie auf die Einheit unseres Bewusstseins zurückführt.

Diese Einheit nimmt bei ihm verschiedene Formen an, zuerst als die des Begriffes im Urteil, welcher neben vielen anderen eine gegebene Vorstellung enthält, die auf den Gegenstand unmittelbar bezogen wird, wie z. B. in dem Urteile „alle Körper sind teilbar" der Begriff des Teilbaren auf viele Vorstellungen, darunter hier besonders auf die des Körpers bezogen wird.

Alle Urteile führt er auf vier mal drei Formen zurück:

1. Quantität.	2. Qualität.	3. Relation.	4. Modalität.
Allgemeine	Bejahende	Kategorische	Problematische
Besondere	Verneinende	Hypothetische	Assertorische
Einzelne	Unendliche	Disjunctive	Apodiktische

Indem er sodann dieselbe Einheit des Bewusstseins als Synthesis „verschiedene Vorstellungen zu einander hinzutut und ihre Mannigfaltigkeit in einer Erkenntnis begreift", findet er die den Urteilsformen entsprechenden reinen Verstandesbegriffe:

1. der Quantität	2. der Qualität	3. der Relation	4. der Modalität
Einheit	Realität	der Inhärenz und Subsistenz	Möglichkeit — Unmöglichkeit
Vielheit	Negation	(substantia et accidens)	Dasein — Nichtsein
Allheit	Limitation	der Causalität und Dependenz	Notwendigkeit — Zufälligkeit
		(Ursache und Wirkung)	
		der Gemeinschaft (Wechselwirkung zwischen dem Handelnden und Leidenden.	

Er bezeichnet sie als die „Begriffe von einem Gegenstande überhaupt, dadurch dessen Anschauung in ansehung einer der logischen Funktionen zu Urteilen als bestimmt angesehen wird". Die Funktion des kategorischen Urteils ist nur die des Verhältnisses des Subjekts zum Prädikate, wobei es z. B. in dem Satze „alle Körper sind teilbar" unbestimmt bleibt, welches das Subjekt, welches das Prädikat ist. Durch die Kategorie der Substanz aber wird der Begriff des Körpers als Subjekt bestimmt. Diese Kategorien stehen dann wieder unter der synthetischen Einheit der reinen oder ursprünglichen Apperception, d. h. wieder unseres Bewusstseins, sie sind die reinen Formen desselben.

Zwar ist schon in der reinen Anschauung, im Raume und in der Zeit, eine Einheit des Mannigfaltigen gegeben, aber Anschauung allein giebt uns ebenso wenig Erkenntnis, wie Begriffe allein, durch die ein Gegenstand gedacht wird. Beide gehören zusammen. So kommt denn Kant zu folgendem Resultate: „Wir können uns keinen Gegenstand denken, ohne durch Kategorien; wir können keinen gedachten Gegenstand erkennen, ohne durch Anschauungen, die jenen Begriffen entsprechen. Nun sind alle unsere Anschauungen sinnlich, und diese Erkenntnis, sofern der Gegenstand derselben gegeben ist, ist empirisch. Empirische Erkenntnis aber ist Erfahrung. Folglich ist uns keine Erkenntnis a priori möglich, als lediglich von Gegenständen möglicher Erfahrung". Die Gegenstände aber an und für sich können wir nach Kant nicht erkennen, sondern nur unsere Vorstellungen von ihnen, und dass er diese unrichtig auffasst, wenn er sie in solche a priori und in solche a posteriori einteilt, ist schon oben gezeigt worden.

Ferner haben die Kategorien nicht alle dieselbe Bedeutung für unsere Erkenntnis. Dass die der Allheit und die der Limitation, die aus der Verbindung der beiden vorhergehenden mit einander entstanden sind, nur um der Dreizahl willen aufgestellt sind, ist leicht zu ersehen. Sodann ist die Unterscheidung zwischen Einheit und Vielheit keine logische, sondern eine grammatische, denn es werden nur mehrere einander gleiche Urteile grammatisch in einem Satze vereinigt. Endlich wenn wir die Dinge ihrem Wesen nach erkennen, legen wir ihnen nur solche Eigenschaften bei, die sie wirklich haben, nicht solche, die anderen zukommen und welche wir bei ersteren verneinen müssen. Wir machen dann keinen Unterschied zwischen Realität und Negation, sondern erkennen nur das, was wirklich ist. Ebenso wenig dürfen wir dann aber auch neben diesem wirklichen Dasein eine Möglichkeit und Notwendigkeit unterscheiden.

So bleiben nur die reinen Verstandesbegriffe der Relation übrig. Wir haben schon oben gesehen, wie alle unsere Erkenntnis nicht über die Begriffe der Atome der verschiedenen Stoffe und der Bewegung als der Eigenschaft derselben hinausgeht. Nach unserer Art zu denken müssen wir freilich auch auf Ursachen für dieselben schliessen, aber diese zu erkennen wird uns noch lange versagt bleiben. Diesen Begriffen der Atome und ihrer Eigenschaft der Bewegung entsprechen die Kategorien der Substanz und des Accidens, denn alle Eigenschaften der Körper sind auf die Bewegungen der Atome, als der Substanz, zurückzuführen. Wir haben ferner gesehen, wie die räumliche Ausdehnung der Körper dadurch bewirkt wird, dass die Atome und Moleküle des Stoffes, wie die des Aethers zwischen ihnen, in einer Gleichgewichtslage gegen einander schwingen und so beständig auf einander einwirken: wir finden hier also den Begriff des Nebeneinander und dadurch einen Zusammenhang zwischen den Begriffen der räumlichen Ausdehnung und der Wechselwirkung. Ebenso besteht auch ein solcher durch den Begriff des Nacheinander zwischen den Begriffen der Ursache und Wirkung und dem der Zeit.

Diese zuletzt genannten sind also allein die reinen Verstandesbegriffe. Die Elemente, welche Kant aufstellt, können eine Grundlage für unsere Erkenntnis nicht bilden.

G. Krause.